现代财务管理与审计研究

牛胜芹 冯茜 温凤英 著

中国商业出版社

图书在版编目（CIP）数据

现代财务管理与审计研究 / 牛胜芹，冯茜，温凤英著. -- 北京：中国商业出版社，2023.11
ISBN 978-7-5208-2740-9

Ⅰ.①现… Ⅱ.①牛…②冯…③温… Ⅲ.①财务管理–研究②财务审计–研究 Ⅳ.① F275 ② F239.41

中国国家版本馆 CIP 数据核字（2023）第 230971 号

责任编辑：滕 耘

中国商业出版社出版发行
（www.zgsycb.com 100053 北京广安门内报国寺1号）
总编室：010-63180647 编辑室：010-83118925
发行部：010-83120835/8286
新华书店经销
济南圣德宝印业有限公司印刷
*
710毫米×1000毫米 16开 9.5印张 150千字
2023年11月第1版 2023年11月第1次印刷
定价：60.00元
****
（如有印装质量问题可更换）

Preface
前言

财务管理是企业管理的重要内容，企业管理水平的提升离不开财务管理的变革。由于市场经济形势的变化，财务管理工作面临着新的挑战，墨守成规不仅会造成企业资产的损失，更会带来企业发展的隐患。在新的经济环境下，财务工作者面临着新的挑战。因此，如何通过财务管理及审计来主动适应新经济环境下市场的变化，积极服务于企业的战略发展，是企业管理工作面临的新问题。

本书共有四章。第一章论述了财务管理的基本概念、目标和理念，第二章介绍了财务审计基础知识，第三章对审计实务进行了系统的研究，第四章论述了不同技术与方法在财务审计中的应用。本书将财务管理的系统理论与实务有机结合，在注重自身体系独立性和完整性的同时，兼顾与其他相关内容的衔接，既保证本书理论体系的清晰、完整，同时也体现了财务管理学科建设的基本规律。

本书在编写过程中参考了大量相关的资料和文献，获益匪浅，在此向有关作者表示衷心的感谢。由于笔者水平所限，有关问题的研究还有待进一步深化、细化，书中不足之处在所难免，欢迎广大读者批评指正。

作　者

2023 年 7 月

Contents
目录

第一章 财务管理概论 1
    第一节 财务管理简介 1
    第二节 财务管理目标 23
    第三节 财务管理理念 33

第二章 财务审计基础知识 43
    第一节 财务审计概述 43
    第二节 审计证据与审计工作底稿 49
    第三节 财务审计的程序 56
    第四节 财务审计的方法 62
    第五节 内部控制制度及其评审 70

第三章 审计实务 78
    第一节 销售与收款循环审计 78
    第二节 采购与付款循环审计 95
    第三节 生产与存货循环审计 107
    第四节 货币资金审计 120

第四章 不同技术与方法在财务审计中的应用 130
    第一节 信息技术在财务审计中的应用 130

第二节 管理会计在财务审计中的应用……………………………………134

第三节 资金平衡分析法在财务审计中的应用……………………………136

第四节 财务分析法在财务审计中的应用…………………………………140

参考文献………………………………………………………………………145

第一章

财务管理概论

第一节 财务管理简介

一、财务管理的相关概念

（一）企业财务的概念

在市场经济条件下，财务既是一种普遍存在的社会现象，也是一种经济现象。凡与市场经济有关的主体皆存在财务问题，小至个人、家庭，大到企业、国家。

企业财务是企业财务活动和财务关系的总称。财务活动是指企业在生产过程中存在的资本运动。财务关系是指企业在组织财务活动过程中与企业内外部有关各方发生的经济利益关系。

（二）财务管理的概念

财务管理又称企业理财，是企业组织财务活动、协调财务关系的经济管理活动。财务管理是企业管理者立足于市场，运用恰当的方法筹集资本、运用资本，并在协调好财务关系的基础上实现财务管理目标的过程。

随着社会经济的发展，企业财务活动变得复杂多样。到 20 世纪初，财务管理才独立于企业的其他管理活动，成为一门专门学科。财务管理最早被认为是微观经济理论的应用学科，是经济学的一个分支。随着社会的发展，财务管理融合了经济学、会计学、法学等多种学科知识，成为一门综合性应用学科。要深刻理解财务管理的内涵，就必须进一步掌握财务活动的内容和财务关系的构成。

（三）财务活动

如前所述，财务活动是指企业在生产过程中存在的资本运动，而企业资本运动包括筹集资本、运用资本、回收资本和分配资本，因此，财务活动包括筹资活动、投资活动、资金营运活动和利润分配活动四个方面。

1. 筹资活动

筹资是指企业为了满足投资和用资的需要，筹措和集中所需资本的过程。企业的生存和发展离不开资本的筹集，筹资是资本运动的起点。企业通过发行股票、发行债券、向银行借款等方式筹集资本，会引发资金流入企业；企业在偿还借款、支付利息和股利等时，则会引发资金流出企业。这种因为资本筹集而产生的企业资金的流入和流出就是筹资活动。企业在筹资过程中，一方面要确定筹资的数量，以满足投资和用资的资本需求；另一方面要通过筹资渠道和筹资方式的选择确定合理的资本结构，努力降低资本成本。

2. 投资活动

投资是指为实现企业目标和财务管理目标，投入资本取得各种资产以获得盈利，不断增加企业价值的过程。企业将筹集到的资本用于购置固定资产、无形资产，购买其他企业的股票和债券，或与其他企业联营等，会导致资金流出企业；企业收回投资时，会产生资金流入企业。这种因资本投资而产生的企业资金的流入和流出就是投资活动。通过资本投资，企业资本就由货币形态转化为实物形态。企业投资主要包括对外的长短期投资和对内的长短期投资。对内的短期投资是为维持企业的日常生产经营活动而发生的，属于企业资金营运范畴。企业在投资过程中，一方面要分析投资方案的收益，选择获得收益最大的项目；另一方面需要对投资方案的风险因素进行计量，从而判断并选择投资方案。

3. 资金营运活动

企业在正常的经营过程中，当采购材料或商品、支付工资和其他费用时会引起资金流出企业；当企业销售产品或商品、采取短期借款筹集所需资金时，会引起资金流入企业。这种因企业经营引起的企业资本流入和流出就是资金营运活动。在资金营运过程中，企业需要考虑加速资金周转、提高资金利用效率等问题。

4. 利润分配活动

企业在经营过程中产生的利润、对外投资分得的利润会使得资金流入企业；企业按规定程序将利润以所得税形式上缴国家、以股利形式分配给投资者时，会使得资金流出企业。这种因利润取得、分配而产生的企业资金流入和流出就是利润分配活动。在利润分配过程中，企业财务管理人员要根据企业自身的具体情况确定最佳的分配政策，努力使利润分配产生正向作用。

以上财务活动的四个方面构成完整的企业财务活动。因此，财务管理的基本内容对应企业的筹资管理、投资管理、资金营运管理和利润分配管理。

（四）财务关系

企业最主要的财务关系有以下几个方面。

1. 企业与其所有者之间的财务关系

企业的所有者按照企业章程、投资合同或协议的要求履行出资义务，形成企业的资本金。企业利用资本金经营，实现利润后，按照企业章程或投资合同、协议的规定，向其所有者支付投资报酬，由此而产生的经济利益关系形成企业与其所有者之间的财务关系。企业的所有者可以是国家、法人单位、个人等，所有者对企业可以是独资、控股或参股。企业与其所有者所享有的权利和应承担的责任各不相同，企业与其所有者之间的财务关系体现着经营权和所有权的关系。

2. 企业与其债权人之间的财务关系

债权人按借款合同、债券发行规定或者商业信用等向企业提供资金，企业按照约定按时支付利息和偿还本金，由此而产生的经济利益关系形成企业与其债权人之间的财务关系。企业的债权人可以是发放贷款的金融机构、债券投资者、商业信用提供者以及其他借出资金给企业的单位或个人。企业与其债权人之间的财务关系体现着债务和债权的关系。

3. 企业与其受资者之间的财务关系

企业按投资合同或者以购买股票的方式向其他企业投入资本金、按规定参与受资企业的利润分配，由此而产生的经济利益关系形成企业与其受资者之间的财务关系。企业向其他单位投资，可以是独资、控股或参股。企业与其受资者之间的财务关系体现着所有权性质的投资和受资关系。

4. 企业与其债务人之间的财务关系

企业以购买债券、按借款合同提供借款或者提供商业信用等形式将资金出借给其他单位，债务人按规定向企业支付利息和偿还本金，由此而产生的经济利益关系形成企业与其债务人之间的财务关系。企业借出资金可以获取一定的报酬，同时要承担坏账风险。企业与其债务人之间的财务关系体现着债权和债务的关系。

5. 企业内部各部门之间的财务关系

企业实行内部经济核算，企业内部各部门之间相互提供产品或劳务，要以内部价格进行结算，由此而产生的经济利益关系形成企业内部各部门之间的财务关系。企业内部各部门之间的财务关系体现着企业内部各部门之间的利益关系。

6. 企业与职工之间的财务关系

职工向企业提供劳动，企业根据职工提供劳动情况向职工支付工资、津贴和奖金等劳动报酬，由此而产生的经济利益关系形成企业与职工之间的财务关系。企业与职工之间的财务关系体现着职工和企业在劳动成果上的分配关系。

7. 企业与税务部门的财务关系

企业依照有关税法规定向国家税务部门纳税，税务部门依法征收税费，由此而产生的经济利益关系形成企业与税务部门的财务关系。政府要完成维护社会正常秩序、保卫国家安全等活动，必须有一定的财政收入，因此，任何企业都要按照国家税法的规定缴纳各种税款，实现企业对国家的贡献。企业与税务部门的财务关系体现着强制的和无偿的分配关系。

（五）企业组织形式

1. 企业的定义及功能

企业是一个契约性组织，它是从事生产、流通、服务等经济活动，以生产或服务满足社会需要，自主经营、独立核算、依法设立的一种营利性的经济组织。企业作为国民经济的细胞，扮演着越来越重要的角色。它是市场经济活动的主要参与者，是社会生产和服务的主要承担者，可以推动社会经济技术进步。

2. 企业的组织形式

企业的组织形式的不同决定着企业的财务组织形式、财务关系、财务风险和所采取的财务管理方式的差异。企业财务管理必须立足于企业的组织形式，因此，了解企业的组织形式非常有必要。

企业的组织形式有个人独资企业、合伙企业以及公司制企业三种。

（1）个人独资企业。个人独资企业是由一个自然人投资，财产为投资人个人所有，投资人以其个人财产对企业债务承担无限责任的经营实体。个人独资企业不具备法人资格，规模一般都较小，组织结构简单，大多数没有内部管理机构。

个人独资企业具有的财务优势表现为：第一，法律对企业的管理相对宽松（由于企业业主个人对企业的债务承担无限责任），设立企业的条件不高，程序简单、方便；第二，企业的所有权和经营权是一致的，财务管理决策权限集中，能够对经济变动作出快速反应；第三，所有者与经营者为一体，经营管理方式灵活，不需要缴纳企业所得税。

个人独资企业具有的财务劣势表现为：第一，企业规模小，筹资较困难，对债权人缺少吸引力，取得贷款的能力较差，因而难以从事一些资金密集、适合于规模生产经营的行业；第二，企业的生命力有限，一旦企业主死亡或者被宣告死亡，无继承人或者继承人决定放弃继承，企业就会消亡；第三，企业所有权不容易转让；第四，企业抵御财务经营风险的能力低下。

（2）合伙企业。合伙企业是由两个或两个以上的自然人合资经营，由各合伙人订立合伙协议，共同出资、合伙经营、共享收益、共担风险，并对合伙企业债务承担无限连带责任的企业。合伙企业不具备法人资格。

除业主不止一个人外，合伙企业其他方面与个人独资企业类似。此外，《中华人民共和国合伙企业法》规定每个合伙人对企业债务须承担无限连带责任，如果一个合伙人没有能力偿还其应分担的债务，其他合伙人须承担连带责任。《中华人民共和国合伙企业法》还规定，合伙人转让其所有权时需要取得其他合伙人的同意，有时甚至还需要修改合伙协议。

与独资企业相比，合伙企业的财务优势表现为：第一，合伙企业可以发挥每个合伙人的专长，有利于提高合伙企业的决策水平和财务管理水平；第二，筹资能力提高，有利于企业规模的扩大，降低了债权人提供资金的风险，企业筹资难度下降；第三，合伙人对合伙企业的债务承担无限连带责任，有助于增强各合伙人的责任心，从而提高合伙企业的信誉。

合伙企业的财务劣势表现为：合伙企业的财务管理机制可能不适应社会快速多变的要求，因为合伙企业在重大财务决策问题上必须经过全体合伙人一致同意后才能行动。一些企业尽管在刚成立时以独资或合伙的形式出现，但是在发展到某一阶段后会转换成公司制企业的形式。

（3）公司制企业。公司（或称公司制企业）是指由两个以上投资人（自然人或法人）依法出资组建，有独立法人财产，自主经营、自负盈亏的法人企业。出资者按出资额对公司承担有限责任。

公司是经政府注册的营利性组织，独立于所有者和经营者，具有法人资格，即由法律赋予其权利能力。《中华人民共和国公司法》规定，公司企业分为有限责任公司和股份有限公司两种。

①有限责任公司。有限责任公司是指由50个以下股东共同出资，股东以其认缴的出资额为限对公司承担责任，公司以其全部资产为限对公司的债务承担责任的企业法人。有限责任公司简称为有限公司，依法设立的有限责任公司，必须在公司名称中标明"有限责任公司"或者"有限公司"字样。

②股份有限公司。股份有限公司是指全部注册资本由等额股份构成并通过

发行股票筹集资本，股东以其所持股份为限对公司承担责任，公司以其全部资产对公司的债务承担责任的企业法人。股份有限公司简称股份公司，依法设立的股份有限公司，必须在公司名称中标明"股份有限公司"或者"股份公司"字样。

有限责任公司和股份有限公司的区别主要有三点。其一，公司设立时对股东人数要求不同。设立有限责任公司的股东人数为50人以下，这也就意味着1个人也可以成立公司；设立股份有限公司，应当有2人以上200人以下为发起人，股东人数无上限规定。其二，股东的股权表现形式不同。有限责任公司的权益总额并不是等额划分，股东的股权多少是通过投资人所拥有的比例来表示的；股份有限公司的注册资本总额平均划分为相等的股份，股东的股权多少是通过投资人持有股份数量来表示的。其三，股份转让限制不同。有限责任公司的股东之间可以相互转让其全部或者部分股权；股东向股东以外的人转让股权，应当经其他股东过半数同意。股份有限公司可以发行股票，股票可以自由转让和交易。

公司制企业的财务优势表现为：第一，容易转让所有权，公司的所有者权益被划分为若干股权份额，每个份额可以单独转让；第二，承担有限债务责任，公司债务是法人的债务，不是所有者的债务，所有者对公司承担的责任以其出资额为限，当公司资产不足以偿还其所欠债务时，股东无须承担连带清偿责任；第三，公司制企业可以无限存续，一个公司在最初的所有者和经营者退出后仍然可以继续存在；第四，公司制企业融资渠道较多，更容易筹集所需资金。

公司制企业的财务劣势表现为：第一，组建公司的成本较高，《中华人民共和国公司法》对于设立公司的要求比设立独资或合伙企业复杂，并且需要提交一系列法律文件，花费的时间较长，公司成立后，政府对其监管更为严格，需要定期提交各种报告；第二，存在代理问题，所有者和经营者分开以后，所有者称为委托人，经营者称为代理人，代理人可能为了自身利益而伤害委托人的利益；第三，双重课税，公司作为独立的法人，其利润须缴纳企业所得税，企业利润分配给股东后，股东还须缴纳个人所得税。

从现实情况来看，在以上三种企业组织形式中，个人独资企业占企业总数的比重较大，但是绝大部分的商业资金是由公司制企业控制的。

企业组织形式的差异使得财务管理组织形式存在差异。在个人独资企业和合伙企业组织形式下，企业的所有权和经营权合二为一，企业的所有者同时也是企业的经营者，所有者享有财务管理的所有权利，相应地，所有者必须承担一切财务风险和责任。因此，个人独资企业和合伙企业实施财务不分层管理体制。在公司制企业组织形式下，所有权主体和经营权主体发生分离，公司的财务管理权相应分属于所有者和经营者两个方面。因此，公司制企业实施财务分层管理体制，即股东大会、经营者、财务经理三者分别按自身的权利和职责，对某一财务活动分别就决策、控制、监督三者之间形成相互制衡的管理体制。

二、财务管理环境

（一）财务管理环境的概念

企业财务管理环境又称理财环境，是指对企业组织财务活动和协调财务关系产生影响的内外部各种因素的总和。任何事物总是和一定的环境相联系的，在企业财务管理过程中不可避免地受到多种因素的影响，财务管理者只有对企业所处的理财环境进行充分的了解与分析，才能制定出符合企业自身发展特点的理财目标和财务战略。

企业财务管理环境按其范围分为宏观理财环境和微观理财环境。宏观理财环境是指对企业财务管理产生影响作用的宏观方面的各种因素，包括国家政治制度、法律制度、经济体制、经济发展水平、金融市场状况等。宏观理财环境主要由企业无法控制的因素构成，是企业财务管理的外部环境。微观理财环境是指只对某一特定企业财务管理产生影响作用的微观方面的各种因素，如企业组织形式、企业生产经营水平、企业内部管理水平、营销状况等。微观理财环境基本上是由企业可以控制的因素构成，是企业财务管理的内部环境。

（二）经济环境

经济环境是指对企业财务管理产生影响作用的各种宏观经济因素。相对于其他外部环境因素，经济环境对财务管理起着决定性作用，是最为重要的理财环境。经济环境的构成内容非常广泛，主要包括经济体制、经济发展水平、经济周期、宏观经济政策、通货膨胀水平等因素。

1. 经济体制

经济体制是指一定区域内（通常是国家）制定并执行经济决策的各种机制的总和。经济体制主要有计划经济体制和市场经济体制之分。经济体制决定着企业经济资源的配置以及宏观调控的方式，进而影响企业的经济核算制度和运作管理方式。计划经济体制是一种集权化的经济体制，资源配置是根据计划指令进行的，企业只是被动地接受指令，企业虽然是一个独立的核算单位，但无独立的理财权力，财务管理活动的内容比较单一，财务管理方法比较简单。市场经济体制是一种分权化的经济体制，资源配置是根据市场信息进行调节的，决策分散于各个层次的单位，企业有独立的经营权和财务决策权，企业财务管理有更多机会和更大的必要去发挥其主观能动性，因此，财务管理活动的内容比较丰富，财务管理的方法复杂多样。

2. 经济发展水平

财务管理的发展水平是和经济发展水平密切相关的，经济发展水平的提高，将改变企业的财务战略、财务理念、财务管理模式及方法，从而促进企业财务管理水平的提高。发达国家经济发展水平较高，有着复杂的经济关系以及相对完善的生产方式，这也使其企业财务管理内容更为丰富，财务管理方法相对严密；发展中国家的经济发展水平快速提高，使其企业财务管理内容和方法随着经济发展而快速更新。财务管理水平的提高，将推动企业降低成本、提高效率和效益，从而促进经济发展水平的提高。在我国国民经济快速增长之时，企业为了维持其行业地位必须按照至少相同的速度增长，就要有一定规模的投资、扩大企业规模，这就要求企业财务管理人员积极地探索与经济发展水平相适应的财务管理模式。

3. 经济周期

在市场经济条件下，经济发展大体上呈周期性波动趋势，经历复苏、繁荣、衰退和萧条四个阶段的循环，这种周期性特征影响着企业的财务管理。在经济周期的不同阶段，企业应采用不同的财务管理战略。

4.宏观经济政策

宏观经济政策包括国家的产业政策、经济发展政策、财税政策、货币政策、价格政策、外汇政策、外贸政策等。不同的宏观经济政策，影响着企业财务管理的不同方面。如财税政策会影响企业的资本结构和投资项目的选择；货币政策中的货币发行量、信贷规模会影响企业投资的资金来源和投资的预期报酬；价格政策会影响资金的投向和投资的回收期及预期报酬等。企业顺应宏观经济政策的导向则可能获得一定的经济利益，因此，财务管理人员应该认真研究政府的经济政策，努力按照政策导向行事，并预见经济政策的变化趋势，更好地实现企业的理财目标。

5.通货膨胀水平

通货膨胀是指流通中的纸币量超过了商品流通的实际需要量，从而引起纸币贬值、物价上涨的现象。通货膨胀对企业财务活动有着重要影响：通货膨胀会引起企业资本占用增加，进而增加企业的资本需求量，引起资金供应紧张，增加企业筹资困难；通货膨胀会引起利率上涨，从而导致企业筹资成本增加；通货膨胀水平持续攀高，会引起股票价格持续下跌，增加企业筹资难度；通货膨胀会引起利润虚增，造成企业资金由于利润分配而流失。为了减轻通货膨胀对企业造成的损失，企业财务管理人员应当对通货膨胀有所预测，并采取相应的措施予以防范。例如，在预测通货膨胀到来的初期，货币面临贬值的风险，这时企业进行投资可以避免风险，实现资本保值；与客户应签订长期购货合同，以减少物价上涨造成的损失；适当取得长期负债，保持资本成本的稳定。在通货膨胀的持续期，企业可以采用比较严格的信用条件，减少企业债权；调整财务政策，防止和减少企业资本流失等。

（三）金融环境

由于企业需要资金从事投资和经营活动，而这些资金的筹集大多依赖金融机构和金融市场，因此，金融环境是与企业财务活动关系最密切的环境因素之一。金融市场的效率、金融机构的设立、金融政策的实施和变化、市场利率的变化等都会直接对财务管理活动产生影响。

1. 金融市场、金融工具和金融机构

（1）金融市场。金融市场是指资金供应者和资金需求者借助金融工具达成交易的场所，是实现货币借贷和资金融通、办理票据和有价证券交易活动的市场。金融市场的基本构成要素有交易主体、交易客体、交易价格、金融管理机构。交易主体就是金融市场的参与者，是参与金融市场交易活动的资金供应者和需求者，主要有居民、企业、金融机构和政府等。交易客体即金融工具，是指金融市场中交易的产品。交易价格是指一定时期内单位资金使用权的价格，一般表现形式是利率。金融管理机构是指为了维护金融市场秩序，保护交易公平、合法的管理机构，如中国人民银行、中国证券监督管理委员会、国家金融监督管理总局。

金融市场组织金融资产的交易，其主要功能是实现资源配置，即把社会各单位和个人的剩余资金有条件地转移给缺乏资金的单位和个人，使财尽其用，促进社会发展。在金融市场上，资金的转移方式有直接转移和间接转移两种。直接转移是指需要资金的企业或其他资金不足者直接将股票或债券出售给资金供应者，从而实现资金转移的方式。间接转移是指需要资金的企业或其他资金不足者，通过金融中介机构，将股票或债券出售给资金供应者；或者以它们自身所发行的证券来交换资金供应者手中的资金，再将资金转移到各种股票或债券的发行者（即资金需求者）手中，从而实现资金转移的方式。

金融市场对企业财务活动的影响主要体现在以下几点：一是为企业融资和投资提供了场所；二是可以帮助企业实现长短期资金转换，引导资本流动（金融市场上资本供求双方的竞争形成了资本的价格，资本价格又调节着资本的流向，促使资本在各产业部门之间进行再分配，从利润率较低的部门流向利润率较高的部门）；三是为企业财务管理提供决策所需相关信息，资金供求状况、宏观经济状况以及国内外有关的政治、社会的信息都会在资本市场中迅速传递并影响着市场动态，最终通过利率和证券价格体现出来，这些信息是企业进行财务管理的重要依据。

（2）金融工具。金融工具是资金供应者将资金转移给资金需求者的凭据和证明，又称金融资产。

金融工具按期限性可分为长期金融工具和短期金融工具。

金融工具按融资形式可分为直接金融工具和间接金融工具。其中，直接金融工具是指资金供求双方直接进行资金融通时所使用的金融工具，如股票、债券等；间接金融工具是指资金供求双方通过银行等金融中介机构进行资金融通时所使用的金融工具，如银行存单等。

金融工具按权利与义务可分为所有权凭证和债务凭证。

金融工具按是否与直接信用活动相关可分为原生金融工具和衍生金融工具两大类。其中，原生金融工具又称基本金融工具，是在实际信用活动中产生的能证明债权债务关系或所有权关系的合法凭证，主要有货币、票据、债券、股票、基金等凭证；衍生金融工具是在原生金融工具基础上通过特定技术设计所派生出来的金融工具，如各种远期合约、期货、掉期（互换）、期权等，衍生金融工具具有高风险、高杠杆效应的特点。

金融工具一般具有期限性、流动性、风险性和收益性等特征。期限性是指金融工具支付前的时间长度是有期限的，但各种金融工具的期限特征不尽相同，如活期存款（零到期日）和股票（无到期日）的期限特征是不相同的。流动性是指金融工具在不受损失的情况下迅速转变为现金的能力。风险性是指投资金融工具的本金和预期报酬遭受损失的可能性。收益性是指金融工具能定期或不定期给持有人带来报酬。

（3）金融机构。金融机构是依法设立经营金融业务的经济组织，金融机构是金融市场的一个重要组成部分，它不仅能够创造便于金融交易的金融工具，还能够推动资金在金融活动参与者之间的流转。我国的金融机构可分为银行类金融机构和非银行类金融机构两大类。银行类金融机构包括中央银行、政策性银行和商业银行三类。中央银行是国家中居主导地位的金融中心机构，是国家干预和调控国民经济发展的重要工具，我国的中央银行是中国人民银行。政策性银行不以营利为目的，在特定的业务领域内，直接或间接地从事政策性融资活动，我国的政策性银行有国家开发银行、中国农业发展银行（主要承担农业政策性扶植业务）和中国进出口银行（主要承担大型机电设备进出口融资业务）。商业银行是指能吸收活期存款、具有广泛业务（如存贷款业务、信托业务、租赁业务、中间业务和其他非信用业务）的金融机构，如中国工商银行、中国农业银行、中国银行、中国建设银行、中国民生银行、交通银行等。政策性银行是指由政府发起、出资成立，为贯彻和配合政府特定经济政策和意图而进行融资与信用活动的金融机构。非银行金融机构是银行以外的各类金融机构，包括保险公司、信托投资公司、证券公司、财务公司、金融资产管理公司、金融租赁公司等。

2. 金融市场的分类

（1）以融资对象为标准划分。以融资对象为标准，金融市场分为资金市场、外汇市场和黄金市场。资金市场以货币为交易对象，外汇市场以各种外汇金融工具为交易对象，黄金市场则是集中进行黄金买卖和金币兑换的交易市场。

（2）以地理范围为标准划分。以地理范围为标准，金融市场分为国内金融市场和国际金融市场。

（3）以所交易金融工具属性为标准划分。以所交易金融工具属性为标准，金融市场分为基础性金融市场和金融衍生品市场。基础性金融市场是指以基础性金融产品为交易对象的金融市场，如商业票据、企业债券、企业股票的交易市场；金融衍生品市场是指以金融衍生产品为交易对象的金融市场，如远期、期货、掉期（互换）、期权的交易市场，以及具有远期、期货、掉期（互换）、期权中一种或多种特征的结构化金融工具的交易市场。

（4）以功能为标准划分。以功能为标准，金融市场分为发行市场和流通市场。发行市场又称为一级市场，它主要处理金融工具的发行与最初购买者之间的交易；流通市场又称二级市场，它主要处理现有金融工具转让和变现的交易。

（5）以交割期限为标准划分。以交割期限为标准，金融市场分为现货市场和期货市场。现货市场是指在成交后 1~5 日内付款交割的金融市场；期货市场是指在成交之后，按合约所规定的日期（一般是几周或几个月）才交割的金融交易市场。

3. 货币市场

货币市场又称短期金融市场，是指以期限在1年以内的金融工具为媒介，进行短期资金融通的市场。货币市场的主要特点是：第一，期限短，一般为3~6个月，最长不超过1年；第二，交易目的是解决短期资金周转，资金来源主要是资金所有者暂时闲置的资金，融通资金是为了弥补短期资金的不足；第三，货币市场上的金融工具具有流动性强、价格平稳、风险较小等特性。

货币市场主要有银行同业拆借市场、票据市场、可转让大额定期存单市场、回购市场和短期债券市场。银行同业拆借市场是指银行（包括非银行金融机构）同业之间短期的资金借贷市场，其交易金额数量巨大，拆解期限很短，期限按日计算，一般是隔夜拆借，也有7天、14天的，最长不超过1个月。同业拆借一般没有固定的场所，主要通过电信手段成交。票据市场包括票据承兑市场和票据贴现市场。票据承兑市场是票据流通转让的基础；票据贴现市场是指办理未到期票据转让的短期融资市场，票据贴现包括贴现、再贴现和转贴现。办理贴现业务的金融机构一般是商业银行，办理再贴现业务的金融机构一般是中央银行。可转让大额定期存单市场是指可以交易银行发行的可转让大额定期存单的市场。可转让大额定期存单是商业银行发行的证明存款人在银行存款的凭证，由于在到期前可以转让，在存单到期之前不会发生提前取款的问题，因此，可转让大额定期存单能使商业银行存款稳定，提高了银行的竞争能力。回购市场是指通过回购协议进行短期资金融通交易的市场。在银行间债券市场上回购业务分为质押式回购、买断式回购和开放式回购三种类型。短期债券市场是指买卖期限在1年以内的短期企业债券和政府债券的市场。短期债券以其信誉好、期限短、利率优惠等优点，成为货币市场中的重要金融工具之一。

4. 资本市场

资本市场又称长期金融市场，是指以期限在1年以上的金融工具为媒介，进行长期资金交易活动的市场。资本市场的主要特点是：第一，融资期限长，至少1年，最长可达十几年；第二，融资目的是解决长期投资性资本的需要，用于补充长期资本，扩大生产能力；第三，资本借贷量大；第四，收益较高但风险也较大。

资本市场主要包括债券市场、股票市场和融资租赁市场等。债券市场和股票市场又分为证券（债券和股票）发行市场和证券流通市场。有价证券的发行是一项复杂的金融活动，一般要经过三个重要环节：证券种类的选择、偿还期限的确定、发售方式的选择。在证券流通中，参与者除了买卖双方外，中介也非常活跃。这些中介主要有证券经纪人、证券商，在流通市场中起着不同的作用。融资租赁市场是通过资产租赁实现长期资金融通的市场，它具有融资与融物相结合的特点，融资期限一般与资产租赁期限一致。

（四）法律环境

1. 法律环境的范畴

法律环境是指对企业财务管理产生影响作用的各种法律、法规和规章制度。企业的一切经济活动总是在一定的法律规范内进行的，企业开展财务活动，在与外部发生经济关系时必然受到法律规范的约束和保护。因此，法律环境也是企业财务管理最重要的环境之一。

财务管理的法律环境主要由企业组织法律法规、财务会计法律法规、税法及其他与财务管理有关的经济法律法规等构成。

（1）企业组织法律法规。企业组织法律法规是指对企业的设立、生产经营活动、变更、终止等行为进行规范的法律法规，主要包括《中华人民共和国公司法》《中华人民共和国个人独资企业法》《中华人民共和国合伙企业法》《中华人民共和国外商投资法》等。企业组织法律法规规定了不同组织形式的企业设立的条件、设立的程序、组织机构的设置、企业变更和终止的条件与程序。如《中华人民共和国公司法》规定了公司组建的条件和程序，公司成立后，公司的财务活动不能违反《中华人民共和国公司法》的规定。由此可见，《中华人民共和国公司法》是影响公司财务管理最重要的法律法规。

（2）财务会计法律法规。财务会计法律法规是指对企业的财务会计活动进行规范的法律法规，主要包括《中华人民共和国会计法》《企业财务通则》《企业会计准则》《企业会计制度》等。其中，《企业财务通则》是各类企业进行财务活动、实施财务管理的基本规范。

（3）税法。税法是国家制定的用于调整国家与纳税人之间在征纳税方面权利与义务的法律法规，税主要包括流转税、所得税、财产税、行为税、资源税等。流转税是指以流转额为征税对象的一类税，主要包括增值税、消费税和关税等税种。所得税是指以各种所得额为征税对象的一类税，是我国税制结构中的主体税类，主要包括企业所得税、个人所得税等税种。财产税是指以纳税人所拥有或支配的财产为征税对象的一类税，主要包括房地产税、契税等税种。行为税是指以纳税人的某些特定行为为征税对象的一类税，主要有城市维护建设税、固定资产投资方向调节税、印花税等税种。资源税是指对在我国境内从事资源开发的单位和个人征收的一类税，主要有资源税、土地增值税、耕地占用税和城镇土地使用税等税种。税负作为企业的一项支出，其数额大小直接影响企业税后利润的多少。税务问题与企业筹资决策、投资决策、利润分配决策密切相关，因此，税收是企业财务管理中进行各项财务决策必须考虑的一项重要内容，企业通过合理税收筹划可以最大限度地增加自身收益。

（4）其他与企业财务管理有关的经济法律法规主要有证券法规、支付结算办法等。

2. 法律环境对财务管理的影响

法律环境会对企业组织形式、治理结构、融资活动、投资活动、日常生产经营活动、收益分配活动等产生影响作用。例如，企业的组织形式有个人独资企业、合伙企业和公司制企业三种，企业组织形式不同，法律规定的业主权利与责任、企业收益分配、纳税、信息披露等要求也就不相同。法律环境从不同方面约束企业的经济行为，对企业财务管理产生重大影响。

（1）法律环境对企业筹资的影响。影响企业筹资的法律法规主要有《中华人民共和国公司法》《中华人民共和国证券法》《中华人民共和国证券交易法》《中华人民共和国民法典》和相关税法等。这些法律法规对企业筹资数量的确定、筹资渠道和筹资方式的选择、资本结构决策都产生影响。例如，企业进行筹资决策不仅需要考虑资本成本的减税功效，还必须充分考虑投资收益率、负债成本率、财务风险及其相应税收筹划带来的收益,以此决定筹资方案,确定最佳资本结构。

(2)法律环境对企业投资的影响。影响企业投资的法律法规主要有《中华人民共和国证券交易法》《中华人民共和国公司法》《企业财务通则》和相关税法等。这些法律法规对企业投资规模、投资方向、投资方式、投资地域分布等方面的决策都会产生影响。例如,税收优惠政策的目的之一便是调整产业结构,在我国投资高新技术企业、出口企业、基础设施企业、知识密集型企业均能获得税收上的优惠,减轻税负,取得较高的投资利润。因此,企业在进行投资方向决策时必定会受税收优惠政策的影响。

(3)法律环境对企业资金营运的影响。影响企业资金营运的法律法规主要有《企业财务通则》《企业会计准则》《支付结算办法》以及税法的相关规定等。这些法律法规影响着营运资金规模、资产的计价、成本费用的确认和计量等。

(4)法律环境对企业利润分配的影响。影响企业利润分配的法律法规主要有《中华人民共和国公司法》《企业财务通则》以及相关税法的相关规定等。例如,《中华人民共和国公司法》规定,公司分配当年税后利润时,应当提取利润的10%列入公司法定公积金。公司法定公积金累计额为公司注册资本的50%以上的,可以不再提取。公司的法定公积金不足以弥补以前年度亏损的,在依照前款规定提取法定公积金之前,应当先用当年利润弥补亏损,此规定直接影响企业可分配的利润数额,进而影响利润分配政策的制定。

除上述的经济环境、金融环境和法律环境以外,社会文化环境和技术环境对企业财务管理的影响也不小。社会文化环境包括教育、科学、文艺、世界观、价值观、道德观念等。社会文化环境会影响财务人员的管理水平、职业素质、职业道德、社会地位等,影响财务管理所运用的方法和手段的先进程度,进而影响财务管理实践的发展和理论的研究。技术环境是指财务管理得以实现的技术手段和技术条件,它决定着财务管理的效率和效果。目前,我国进行财务管理所依据的会计信息是通过会计信息系统所提供,占企业经济信息总量的60%~70%。我国企业会计信息化的全面推进,必将促使企业财务管理的技术环境进一步完善和优化,企业财务管理的效率将会进一步提高。

三、财务管理的环节和方法

财务管理的环节是指企业财务管理工作的步骤与一般工作程序。企业财务管理一般包括财务预测、财务决策、财务计划与财务预算、财务控制、财务分析和考核等环节。前面环节是对后面环节的指导，后面环节是对前面环节的执行。

财务管理的方法是指为了实现财务管理目标，在进行财务管理活动时采用的各种技术和手段。财务管理方法以财务管理环节为标准，可分为财务预测的方法、财务决策的方法、财务计划与财务预算的方法、财务控制的方法、财务分析和考核的方法等。

（一）财务预测

1.财务预测的概念

预测是根据事物过去发展、变化的客观过程和某些规律，参照当前已经出现和正在出现的各种可能性，运用数学和统计的方法，对事物未来可能出现的趋势或可能达到的水平进行的科学预计和推测。预测是一个思考的过程，是一种超前的思维，而超前思维有助于各种决策的制定。

财务预测是指企业为了正确决策，根据企业财务活动的历史资料，考虑现实的要求和条件以及将要出现的变化因素，运用财务预测方法，预计和测算企业未来财务活动及其结果变动趋势的活动。复杂多变的现代市场经济，要求企业财务工作者能够预测市场需求和企业环境的变化，针对种种不确定因素，及时做出财务预测分析，为企业战略性的经营决策提供依据。

进行财务预测是为了降低决策失误的概率。所以，财务预测是财务决策的基础。财务预测的具体内容包括筹资预测、投资预测、销售收入预测、成本费用预测、利润预测等。

财务预测工作的程序一般是明确财务预测的对象和目的、收集和整理有关信息资料、选用特定的财务预测方法进行预测。

财务预测应在分析相关资料的基础上进行。所谓资料，是指财务历史数据，它是财务预测的依据，因为只有深入、细致地了解企业财务活动的过去和现在，才有可能准确地判断它的未来。财务预测只能是在利用现代科学方法对有关资料进行详细分析的基础上进行，而不能仅凭个人的主观判断进行臆测。财务预测是决策的主要参考资料之一，但并不是唯一的依据。财务预测在财务决策中的作用越来越大，成功的财务预测会给企业带来丰厚的利润回报，反之，可能会给企业带来巨大的损失。

2.财务预测的方法

财务预测的方法有许多，其中最常用的有十余种。财务预测的方法按其性质不同，可分为定性预测法和定量预测法两大类。

（1）定性预测法。定性预测法又称判断预测法，是指由熟悉业务，具有一定理论知识和综合判断能力的专业人员或专家，利用直观材料，根据其丰富的实践经验对事物未来的状况和趋势做出主观判断的预测方法。定性预测法适用于缺乏完备、准确的历史资料，或影响因素复杂、需要对许多相关因素作出判断，或客观上不具备定量预测条件等情况下采用。例如，销售预测要面对变化不定的外部市场，影响市场的因素较为复杂，因此销售状况的历史数据资料不适宜建立数据模型，需要对许多相关因素作出判断，而对有关未来销售情况的判断资料较容易获取，所以销售预测更适合采用定性预测法。

定性预测法主要包括意见汇集法、专家意见法和调查研究法等具体方法。意见汇集法是由预测人员事先拟好提纲，向比较熟悉预测对象，并对其未来发展趋势比较敏感的各方面人员开展调查，广泛征求意见，把各方面意见整理汇集、综合分析评价后作出预测判断的方法。专家意见法是借鉴见识广、学有专长的专家的经验进行预测判断的一种方法，又可分为特尔斐法和专家小组法。调查研究法是通过调查预测对象有关的情况来预测其未来发展趋势和结果的方法。

（2）定量预测法。定量预测法是指根据收集的数据资料中变量之间存在的数量关系建立数学模型和采用统计方法对预测对象将来的发展趋势与结果进行预测的方法。定量预测法需要建立数学模型，逻辑严密可靠，预测结果比较客观。定量预测法多在历史数据资料齐备、可以建立数学模型且环境比较稳定的情况下采用。

定量预测法主要包括趋势外推预测法、因果预测法等具体方法。趋势外推预测法又称时间序列分析法，是一种将预测对象的历史数据按时间顺序排列，应用数学模型进行处理和分析，对预测对象未来发展趋势和结果进行预测的方法。趋势外推预测法包括简单平均法、移动加权平均法、指数平滑法等。因果预测法是从掌握的历史数据资料中，找出预测对象（因变量）与其相关联的因素（自变量）之间的依存关系，通过建立相应的因果数学模型来对预测对象未来发展趋势和结果进行预测的方法。因果预测法包括高低点法、直线回归法、非线性回归法等。

（二）财务决策

1.财务决策的概念

财务决策是指根据财务战略目标的总体要求，采用专门的方法从若干个备选财务活动方案中选出最优方案的过程。在市场经济条件下，财务决策是财务管理的核心，财务决策的成功与否直接关系到企业的兴衰成败。财务决策的基础是财务预测。财务决策的一般程序是：根据财务预测的信息提出问题，确定解决问题的备选方案，分析评价、对比各备选方案，拟定择优标准并选择出最优方案。

2.财务决策的方法

财务决策的方法主要有经验判断法、优选对比法、数学微分法、线性规划法、概率决策法等。经验判断法是指根据决策者的经验来判断最优方案，进而作出决策的方法。常用的经验判断法有淘汰法、排队法、归类法等。优选对比法是把各种不同方案排列一起，对比其经济效益的好坏，进而作出决策的方法。数学微分法是根据边际分析原理，运用数学上的微分方法，对具有曲线联系的极值问题进行求解，确定最优方案，进而作出决策的方法。在财务决策中，最优资本结构决策、现金最佳余额决策、存货的经济批量决策都要用到数学微分法。线性规划法是根据运筹学原理，对具有线性联系的极值问题进行求解，确定最优方案，进而作出决策的方法。概率决策法是在未来情况不十分明朗但有关因素的未来状况及其概率可以预知，用概率法计算各个方案的期望值和标准离差，确定最优方案，进而作出决策的方法。概率决策法往往把各个概率用树形图表示出来，因此有时也称为决策树法。

(三)财务计划与财务预算

1.财务计划的概念及方法

计划是指为了执行决策、实现活动目标而对未来行动与工作的安排方案。它告诉人们为实现既定目标需要在什么时间，由什么人，采取什么办法，去开展什么活动。

财务计划是根据企业整体战略目标和规划，以财务决策确立的方案和财务预测提供的信息为基础，并通过制定财务政策、规定财务工作程序、设计财务规则、编制财务预算而对财务活动进行规划的方案。财务计划主要通过指标和表格，以货币形式反映在特定期间（计划期）内企业生产经营活动所需要的资金及其来源、财务收入和支出、财务成果及其分配的情况。它是财务决策的具体化，是财务控制的依据。

确定财务计划指标的方法一般有平衡法、因素法、比例法和定额法等。平衡法是指在编制财务计划时，利用有关指标客观存在的内在平衡关系来计算确定计划指标的方法。因素法又称因素推算法，是指在编制财务计划时，根据影响某项指标的各种因素推算该计划指标的方法。比例法又称比例计算法，是指在编制财务计划时，根据企业历史已经形成且又比较稳定的各项指标之间的比例关系来计算计划指标的方法。定额法又称预算包干法，是指在编制财务计划时，以定额作为计划指标的一种方法。

2.财务预算的概念及方法

财务预算是根据财务战略、财务计划和各种预测信息，确定预算期内各种预算指标的过程，它是财务计划的分解和落实。财务预算具体包括销售预算、生产预算、成本预算、现金预算、资本支出预算、预计资产负债表、预计利润表和预计现金流量表等。

财务预算的编制方法通常包括固定预算与弹性预算、增量预算与零基预算、定期预算与滚动预算等。

(四) 财务控制

1. 财务控制的概念

财务控制是指利用有关信息和特定手段，对企业的财务活动施加影响或调节，以便实现既定财务目标的过程。如果不能有效地对财务活动施加影响或进行调节，就无法实现对企业的有效管理。财务控制措施一般包括预算控制、营运分析控制和绩效考评控制等。

2. 财务控制的方法

财务控制的方法通常有前馈控制、过程控制和反馈控制三种。前馈控制是指通过对实际财务系统的监测，运用科学方法预测可能出现的偏差，进而采取一定措施使差异得以消除的一种控制方法。过程控制是指运用一定的方法对正在发生的财务活动进行的控制。反馈控制是在认真分析的基础上，发现实际与计划之间的差异，确定差异产生的原因，进而采取切实有效的措施，调整实际财务活动或调整财务计划，使差异得以消除或避免今后出现类似差异的一种控制方法。

(五) 财务分析和考核

1. 财务分析的概念及方法

财务分析是指根据企业财务报表等信息资料，采用专门方法，系统分析和评价企业财务状况、经营成果以及未来趋势的过程。通过财务分析，可以掌握各项财务计划指标的完成情况，评价财务状况，研究和掌握企业财务活动的规律性，改善财务预测、财务决策、财务计划和财务控制，提高企业经济效益，改善企业管理水平。

财务分析的方法通常有比较分析法、比率分析法、因素分析法等。比较分析法是指把主要项目或指标数值及其变化与设定的标准进行对比，以确定差异，进而分析、判断及评价企业经营与财务等情况的方法。比率分析法是指利用项目指标之间的相互关系，通过计算财务比率来观察、分析及评价企业财务状况、经营业绩和现金流量等财务及经营情况的分析方法。因素分析法是指依据财务指标与其影响因素之间的关系，按照一定的方法分析各因素对财务指标差异影响程度的一种分析方法。

2.财务考核的概念及方法

财务考核是指将报告期实际完成数与规定的考核指标进行对比，确定有关责任单位和个人完成任务程度的过程。财务考核与奖惩紧密联系，是贯彻责任制原则的要求，也是构建激励与约束机制的关键环节。

财务考核的方法多种多样，例如在设定考核指标时，可以用绝对指标、相对指标、完成百分比进行考核，也可采用多种财务指标进行综合评价考核。

第二节　财务管理目标

一、财务管理目标理论

目标是指一个系统运行所希望实现的结果。财务管理目标就是企业财务管理系统运行所希望实现的结果。财务管理目标是由不同层次的系列目标构成的，一般可分为总目标、分目标和具体目标三个层次。财务管理总目标是全部财务活动要实现的根本目标，具有导向性作用。有了明确、合理的财务管理总目标，财务管理工作才有明确的方向。财务管理总目标是财务管理的出发点和归宿。因此，企业应根据自身的实际情况以及环境因素对财务管理的要求确定财务管理总目标。财务管理总目标取决于企业的总目标。财务管理分目标是指企业进行某一部分财务活动（筹资活动、投资活动、资金营运活动、利润分配活动）所要达到的目标。财务管理具体目标是指从事某项具体财务活动所要达到的目标。财务管理分目标和财务管理具体目标为财务管理总目标的实现提供保障。

企业财务管理目标主要有利润最大化目标、股东财富最大化目标、企业价值最大化目标、相关者利益最大化目标等四种具有代表性的理论。各种类型财务管理目标的出现是不同环境下的选择结果。

（一）利润最大化目标

利润最大化目标是指财务管理活动要实现的结果是实现企业利润最大化。企业以利润最大化作为财务管理目标时，企业利润总额越大越好，并且以利润作为评价和分析企业行为及经营业绩的标准。第一次世界大战之前，西方国家的企业多为独资经营，企业扩大规模的主要方式是利润转化为资本。因此，利润最大化是那个时期企业财务管理的目标。在我国，计划经济转向市场经济之时，国家对国有企业经营业绩考核的主要指标是利润，因此，部分企业也就逐步以利润最大化作为财务管理的目标。

企业以利润最大化作为财务管理目标，其合理性在于：第一，人类从事生产经营活动的目的是创造更多的剩余产品，在市场经济条件下，剩余产品的多少一般是用利润的多少来衡量的；第二，在自由竞争的资本市场中，资本的最终使用权由获利最高的企业掌控，企业取得了资本也就等于取得了各种经济资源的支配权，取得了资源的支配权也就可以使企业在竞争中处于有利地位；第三，每个企业都最大限度地获得利润，可以使社会的总体财富实现最大化，从而提高社会发展水平，带来社会的进步和发展。

利润最大化作为财务管理目标的优点在于：第一，利润是企业在一定期间全部收入和全部成本费用的差额，因此，它是一项综合性指标，能在一定程度上衡量企业的整体经营状况和财务管理水平；第二，有利于企业资源的合理配置和整体经济效益的提高，企业追求利润最大化，就必然进行经济核算、加强管理、改进技术、提高劳动生产率、降低产品成本，这些措施的实施可以使企业资源得以合理配置，促进企业整体经济效益的提高；第三，利润的概念易于理解、计算简单，在实际应用中比较方便。

但是，随着资本市场的发展和完善，企业规模扩张的方式多样化，不再是单一的利润转化为资本。另外，随着现代企业的所有权和经营权的分离，与企业有关的利益集团越来越多，在这种环境下，以利润最大化作为企业的单一的财务管理目标变得不再恰当。以利润最大化作为企业财务管理目标存在四个缺陷。第一，没有考虑货币的时间价值。例如，企业 A 项目 5 年内每年获得利润 50 万元，B 项目 5 年后一次性获得 250 万元，应该选择哪个项目？在不考虑货币的时间价值时，很难作出选择。可见在投资决策上，对未来年度的利润仅以数额大小来衡量，忽视现金流入时间，可能会导致错误的选择。第二，没有考虑风险问题。片面追求利润最大化，可能导致企业承担过大的风险。第三，没有考虑获得利润与投入资本之间的关系，就不能确定投入与产出的比例，也就不利于同一企业不同期间以及不同规模企业之间的比较。第四，追求利润最大化可能会导致企业管理层的短期行为，影响企业长远发展。例如，管理层为提高当下的利润，而停止新产品的研发、怠于技术设备的更新、忽视社会责任的履行等。

利润最大化目标的另一种表现形式是每股收益最大化。每股收益把企业的利润和股东投入的资本联系起来，现实中，许多投资人都把每股收益作为评价企业业绩的重要指标之一。

（二）股东财富最大化目标

股东财富最大化目标是指企业财务管理活动要实现的结果是为股东带来最多的财富，在保证企业长期稳定发展的基础上使股东财富总价值达到最大。随着西方国家股份制企业的出现和发展，企业所有权和经营权相分离，所有者投资企业的目标是资产保值增值，促使企业财务管理目标由利润最大化转变为股东财富最大化。以股东财富最大化为财务管理目标，要求管理者在生产活动中选择能使未来支付给股东的利益最大且不确定性最小的方案。由于上市公司股东的财富是由股东所拥有股票的数量和股票的市场价格决定的，在股票数量一定时，股票价格达到最高，股东财富也就达到最大。所以，股东财富最大化目标也可以理解为股票价格最大化。

与利润最大化目标相比，以股东财富最大化为财务管理目标具有四个优点。第一，考虑了货币时间价值和风险因素。因为股票的市场价格具有时间性，股票价格的高低受风险大小的影响。第二，能反映投入资本与获利之间的关系。第三,能在一定程度上避免企业在追求利润上的短期行为。因为无论是现在的利润还是未来利润的预期值都会对股票价格产生影响。第四,对于上市公司而言,股东财富最大化目标比较容易量化,便于考核和奖惩。

但是,以股东财富最大化作为财务管理目标也存在三个缺陷。第一,过分强调股东利益,容易忽视企业其他利益相关者的利益。第二,一方面,股票价格受众多因素影响,包括内部因素和外部因素,企业不可能控制所有因素,把受不可控因素影响的股票价格作为企业财务管理目标本身就不合理;另一方面,当证券市场不完善时,有些影响股票价格的外部因素可能是非正常因素,因此股票价格的波动存在一些不合理的地方,股票价格也就不能完全准确地反映企业财务管理状况,由此使得对股东财富的衡量缺乏合理、客观的依据。第三,股东财富最大化目标通常只适用于上市企业,非上市企业难以应用,因为非上市企业无法像上市企业一样随时准确地获得企业股票的市场价格。

(三) 企业价值最大化目标

企业价值最大化目标是指在考虑货币时间价值和风险因素以及保证企业长期稳定发展的基础上,企业财务管理活动要实现的结果是使得企业总价值达到最大。企业价值最大化目标将企业长期稳定发展摆在首位。企业价值是指企业自身的含金量,即企业值多少钱。在现代资本市场中,对企业价值大小的评价,不仅要看企业已经获得的利润水平,更看重企业潜在的获利能力,即企业未来现金流入的水平。因此,企业账面资产总价值不能代表企业的价值,企业价值是企业所有者权益和债权人权益的市场价值,或者是企业所能创造的预计未来现金流量的现值。

以企业价值最大化作为财务管理目标,具有三个优点。第一,考虑了货币的时间价值。因为以预计未来现金流量的现值代表企业价值,在预测未来现金流量时考虑了不确定性和风险因素,而现金流量的现值是以资金的时间价值为基础计算的。第二,考虑了风险与报酬的关系,强调了风险与报酬的均衡。企业价值与预期报酬成正比,然而,报酬与风险同增,即获得的报酬越大,企业所承担的风险也越大，只有在风险与报酬的平衡点上企业的价值才能达到最大，因此，以企业价值最大化为财务管理目标，就必然考虑风险与报酬的关系。第三，将企业长期稳定的发展和持续的获利能力放在首位，能克服企业在追求利润上的短期行为。因为不仅目前利润会影响企业价值，预期未来的利润对企业价值增加也会产生重大影响。

但是，以企业价值最大化为财务管理目标存在的缺陷在于过于理论化，不易操作，对于非上市企业而言，企业价值只能通过资产评估的方式取得，而在评估企业的资产时，由于受到评估标准和评估方式的影响，很难做到客观和准确。

（四）相关者利益最大化目标

相关者利益最大化目标是指企业财务管理活动要实现的结果是在企业价值增长中使企业相关者主要利益达到最大。现代企业是多边契约关系的总和，因此，企业在从事经营活动时，除了应该考虑股东的利益之外，还应该考虑企业相关者的利益。企业利益相关者主要包括企业股东、债权人、员工、经营者、供应商、客户及政府。随着社会的进步和企业的发展，企业股东想要获得更多的投资收益，就必须依赖有才干的经营者和忠实的员工给予的支持，只有当企业利益相关者的利益都得到保护和满足时，才能够实现企业价值最大化，股东的财富才能增加。因此，在确定企业财务管理目标时，要重视企业相关利益群体的利益。

相关者利益最大化财务管理目标的具体内容包括：第一，强调风险与报酬的均衡，将风险限制在企业可以承受的范围之内；第二，强调股东的首要地位，强调企业与股东之间关系的协调；第三，强调对企业经营者的监督和控制，要求建立有效的激励机制对经营者实施激励，以便企业顺利实现战略目标；第四，关心企业普通员工的利益，创造优美和谐的工作环境并提供合理恰当的福利待遇，培养员工对企业的忠诚度，使其长期努力为企业工作；第五，不断加强与债权人的关系，培养可靠的资金供应者；第六，加强与供应商的协作，共同面对市场竞争，并注重企业形象的宣传，遵守承诺，讲究信誉；第七，关心客户的长期利益，以便保持销售收入的长期稳定增长；第八，积极承担社会责任，保持与政府部门的良好关系。

以相关者利益最大化作为财务管理目标有利于企业长期稳定发展,有利于实现企业经济效益和社会效益的统一。由于需要兼顾企业、股东、债权人、供应商、客户、员工、政府等相关者的利益,企业就会依法经营、依法管理,正确处理各种财务关系,承担一定的社会责任,从而实现合作共赢,可见企业在实现经济效益之时也取得了一定的社会效益。

上述各个财务管理目标都是一定环境下在前一个财务管理目标基础上考虑更多因素而总结出来的,因此,以上所述四种类型的财务管理目标在根本上并没有好坏之分,只是因环境的变迁、企业发展战略的不同致使制定的企业财务管理目标有所不同。因此,只要适合环境要求、有利于企业发展的就是合理的财务管理目标。

二、利益冲突与协调

企业相关者之间存在的利益冲突会影响企业财务管理目标的实现,因此,企业要实现财务管理目标就必须协调好各利益群体的利益冲突。协调相关者利益冲突的总体原则是:在进行财务决策时,尽量减少各利益相关者之间的利益冲突,在企业相关者利益的分配上达到动态平衡。在所有相关者利益冲突与协调中,企业所有者与经营者、所有者与债权人的利益冲突和协调最为重要。

(一)所有者与经营者的利益冲突和协调

1. 所有者与经营者利益冲突产生的原因

企业所有者与经营者利益冲突产生的原因主要在于两者目标不一致。由于现代企业所有权与经营权相分离,企业所有者与经营者之间是委托代理关系,企业所有者委托经营者管理企业,经营者接受委托成为所有者的代理人,经营者一般对企业不存在所有权。企业所有者追求的目标是投入资本获利水平的最大化,保证资本的保值、增值,实现股东财富的最大化。但是经营者作为所有者的代理人,有其自身利益的考虑,经营者追求的目标是在为股东创造财富的同时,获取更多的报酬、拥有更多的闲暇时间或从自身利益出发尽可能地避免承担更多的风险。经营者实现自身目标会以牺牲所有者利益为代价，就可能影响所有者目标的实现。例如，经营者获取更多报酬会使得资本获利水平下降；经营者增加闲暇时间、没有卖力工作，可能导致企业获利水平下降；经营者不愿意进行高收益、高风险的投资，可能使股东财富增长水平下降。此外，所有者与经营者之间存在信息不对称，导致所有者无法准确判断经营者的决策是否有利于企业财务管理目标的实现，经营者的这些行为取向属于道德风险，企业所有者无法利用法律手段追究其责任。由此可见，虽然企业所有者与经营者存在委托代理关系，但若两者目标不一致，则必然导致利益冲突。

2. 所有者与经营者利益冲突的协调

所有者与经营者之间的利益冲突，可以通过激励、接收和解聘来协调解决。

（1）激励。激励就是将经营者的报酬与其绩效挂钩，促使经营者自觉地采取能提高股东财富最大化的办法。激励有两种具体方式。一种是绩效股方式，就是企业运用每股收益、资产收益率等业绩评价指标评价经营者的业绩，并视其业绩大小给予经营者数量不等的股票作为报酬，如果经营者业绩未能达到规定目标将丧失原来持有的部分绩效股。这种方式可以刺激经营者不仅为多得绩效股而不断采取措施提高经营业绩，还会从自身利益出发采取各种措施提高股票价格，从而增加所有者财富。另一种是实施股票期权计划，即允许经营者在未来某一时期以约定的价格购买本企业股票，股票市场价格高于约定价格的部分就是经营者所得到的报酬，这样经营者就有提升股票价格的动力，主动采取能提高企业股票价格的措施，从而使得所有者财富增加。

（2）接收。接收是一种通过市场约束经营者从而解决所有者与经营者利益冲突的办法。当经营者违背所有者目标导致企业经营业绩不佳或股票价格下跌时，企业就可能被其他企业接收或吞并，经营者可能会被解聘或经营者在市场中的身价下跌，经营者为了避免企业被接收导致自身利益受损，就会努力工作，积极采取有效措施增加股东财富，实现企业财务管理目标。

（3）解聘。解聘是一种通过所有者约束经营者从而解决两者利益冲突的办法。所有者对经营者予以监督，如果经营者没有积极实现所有者目标，经营业绩不佳，所有者就会解聘经营者，经营者为了不被解聘而自觉地采取能提高企业资本获利水平的措施，从而增加股东财富。

（二）所有者与债权人的利益冲突和协调

1. 所有者与债权人利益冲突产生的原因

企业所有者与债权人利益冲突产生的原因主要在于两者目标发生矛盾，所有者在实施其财富最大化目标时会在一定程度上损害债权人的利益。企业债权人将资金出借给企业，目的是在期望风险程度上获得利息收入，按时收回本金，保证资金的安全。但是，当企业使用从债权人处获得的资金时，所有者为实现财富最大化可能改变资金原定用途，投资于比债权人期望风险更高的项目，造成债权人风险与收益不对等，资金失去安全性。如果项目投资成功，高风险带来的额外收益将归所有者独享，而债权人的报酬被固定在之前期望的低风险利率上；如果项目失败，债权人也将遭受损失。可见，债权人承担的风险与得到的报酬是不对等的。此外，所有者可能在未征得现有债权人同意时举借新债，增大企业偿债风险，导致债权人的债权价值降低。

2. 所有者与债权人利益冲突的协调

针对所有者与债权人的利益冲突，债权人可以通过采取以下对策来解决。

（1）限制性借债。限制性借债就是债权人通过在债务协议中设置限定性条款规定借债用途、设置借债担保条款和借债信用条件，保护自身利益免受侵害。

（2）收回借款或停止借款。当债权人发现企业有侵害其利益的意图时，采取拒绝与该企业有进一步的业务往来、收回债权、不再给予新的借款或要求较高利率以补偿可能遭受损失等措施，以此限制所有者的掠夺行为。

三、企业的社会责任

企业的社会责任是指企业在谋求实现财务管理目标之时应该承担的维护和

增进社会利益的义务。企业应承担的社会责任主要包括以下几个内容。

（一）对员工的责任

企业除了有向员工支付报酬的法律责任外，还负有为员工提供安全工作环境、职工教育等保障员工利益的责任。我国公司法规定，企业对员工承担的社会责任主要有：第一，按时足额发放劳动报酬，并根据社会发展逐步提高工资水平；第二，提供安全健康的工作环境，加强劳动保护，实现安全生产，积极预防职业病；第三，建立企业职工的职业教育和岗位培训制度，不断提高职工的素质和能力；第四，完善工会、职工董事和职工监事制度，培育良好的企业文化。

（二）对债权人的责任

企业应依据合同约定以及法律规定，对债权人承担相应的义务，保障债权人合法权益。这种义务既是企业的民事义务，也可视为企业应承担的社会责任。企业对债权人承担的社会责任主要有：第一，按照法律法规和企业章程的规定，真实、准确、完整、及时地披露企业信息；第二，诚实守信，不滥用企业人格；第三，主动偿债，不无故拖欠；第四，确保交易安全，切实履行依法订立的合同。

（三）对社会公益的责任

企业价值的实现在很大程度上取决于消费者的选择，因此企业理应重视对消费者承担的社会责任。企业对消费者承担的社会责任主要有：第一，确保产品质量，保障消费安全；第二，诚实守信，确保消费者的知情权；第三，提供完善的售后服务，及时为消费者排忧解难。

企业对社会公益的责任主要涉及慈善、社区等。企业对慈善事业的社会责任是指承担扶贫济困和发展慈善事业的责任，表现为企业对不确定的社会群体进行帮助。企业承担社会公益责任的主要表现形式是捐赠，受捐赠的对象主要是社会福利院、医疗服务机构、教育事业、贫困地区、特殊困难人群等。此外，企业招聘残疾人、生活困难的人、缺乏就业竞争力的人进入企业工作，举办与企业营业范围有关的各种公益性的社会教育宣传活动等均为企业承担社会公益责任的表现。

（四）对环境和资源的责任

企业对环境和资源的社会责任主要包括两个方面：一是承担可持续发展与节约资源的责任，二是承担保护环境和维护自然和谐的责任。此外，企业还有义务和责任遵从政府的管理、接受政府的监督。企业要在政府的指引下合法经营、自觉履行法律规定的义务，同时尽可能地为政府献计献策、分担社会压力、支持政府的各项事业。

企业承担社会责任需要付出代价，从而增加企业成本，如果产品价格保持不变，就会降低企业的盈利水平及其在资本市场获取资源的能力，导致企业在竞争中处于不利地位；但是如果为了补偿成本而提高产品价格，必然会降低企业产品的竞争力，不利于企业与同行业其他企业的竞争。一般而言，一个利润或投资报酬率处于较低水平的企业，在激烈竞争的环境下，是难以承担额外增加其成本的社会责任的。虽然实现企业财务管理目标与承担社会责任之间存在矛盾，但企业有必要承担应尽的社会责任。因为企业承担社会责任有助于财务管理目标的实现。例如，企业不为员工提供合理的薪酬和安全的工作环境，就会挫伤员工的工作积极性，导致劳动生产率下降，影响企业盈利水平，对财务管理目标的实现带来负面影响。又如，企业不履行对消费者的社会责任，提供的产品存在安全隐患或者提供的售后服务不良，就会遭遇诉讼或面临失去顾客的风险，这就必然会增加企业的成本，不利于财务管理目标的实现。再如，企业通过捐赠承担社会公益责任，自觉改善自身的生态环境，重视履行对员工、消费者、环境、社区等利益相关方的责任，有助于提高企业的知名度，可以树立良好的社会形象，有助于企业可持续发展，而消费者更愿意购买社会形象良好企业的产品，则有利于企业财务管理目标的实现。

社会倡导企业自觉承担社会责任，但大多数社会责任都是通过法律以强制的方式让每一个企业平均负担，这样可以维护自觉承担社会责任的企业的利益。强制企业承担社会责任的法规主要涉及劳动合同、产品安全、消费者权益保护、污染防治等方面。

第三节 财务管理理念

一、资金时间价值

（一）资金时间价值的概念

思考一下，今天的1000元和几年后的1000元，哪一个价值大一些？如果单从数字上看，它们是一样的。但如果考虑一下这1000元的增值潜力就会发现，当将这1000元存入银行，几年后除了拥有1000元的本金之外，还会拥有一笔利息，可以得到：今天的1000元＝几年后的1000元＋利息。当将这1000元用于企业的生产经营时，能从经营中获取利润，这时可以得到：今天的1000元＝几年后的1000元＋经营所得利润。当用这1000元对外进行投资时，还可获得投资收益，可以得到：今天的1000元＝几年后的1000元＋投资收益。通过以上的举例不难发现：今天的1000元的价值大于几年后的1000元。上述例子中的利息、经营所得利润、投资收益等都是这1000元的增值部分，一般将它们称为资金的时间价值。

资金的时间价值是指一定量资金在不同时点上的价值量差额，也称为货币的时间价值。资金的时间价值是资金在投资和再投资过程中随着时间的推移而发生的增值。按照这一理论，资金周转使用的时间越长，所获得的利润越多，实现的增值额就越大。资金时间价值的实质是资金周转使用后的增值额。也就是说不是所有的货币都具有时间价值，只有在循环和周转中的资金，其总量才会随着时间的延续按几何级数增长,使得资金具有时间价值。通常情况下,它相当于没有风险也没有通货膨胀情况下的社会平均资金利润率,是利润平均化规律发生作用的结果。

资金的时间价值对于整个企业的财务管理有着极其重要的意义,主要表现在两个方面。一方面,它便于不同时点上单位货币价值量的比较。不同时点上单位货币的价值不同,因此,不同时间的货币收入不宜直接进行比较,需要把它们换算到相同的时间基础上,才能进行数量比较和比率计算。另一方面,它是正确做出财务决策的前提。资金时间价值是现代财务管理的重要价值基础。它要求合理且节约地使用资金,加速资金的周转,以实现更多的资金增值。每个企业在投资某个项目时,至少要取得社会平均资金利润率,否则不如投资其他的项目或其他的行业。因此资金的时间价值是评价投资方案的基本标准之一,在财务决策时,资金时间价值是一项重要的因素。

资金时间价值的大小通常有两种表现形式:一种是绝对数形式,即资金时间价值额,是资金在生产经营中带来的真实增值额;另一种是相对数形式,即资金时间价值率。为便于不同数量的资金之间时间价值大小的比较,在实务中,人们常使用相对数表示资金的时间价值。由于资金时间价值率经常以利率的形式表示,通常认为它与一般的市场利率相同,实际上资金时间价值率与市场利率是有区别的。市场利率除了包括时间价值因素外,还包括风险价值和通货膨胀因素。但由于资金随时间的增长过程和利息的增长过程在数学上相似,因此在换算时广泛使用计算利息的方法。

(二)资金时间价值的计算

根据资金具有时间价值的理论,可以将某一时点的资金金额折算为其他时点的金额,一般采用终值和现值两种形式。所谓终值,又称将来值,是指将现在一定量的资金折算到未来某一时点所对应的金额,即本利和,通常记作 F。所谓现值,又称本金,是指将未来某一时点上的一定量资金折算到现在所对应的金额,即将来一定量的资金扣除了利息之后的余额,通常记作 P。现值和终值是一定量的资金在前后两个不同时点上对应的价值，其差额即为资金的时间价值。终值和现值的计算涉及利息计算方法的选择，目前主要有两种利息计算方法：单利计算和复利计算。

1. 单利终值和现值的计算

单利是计算利息的一种方法。在单利制下，只对本金计算利息，而所生利息不再计入本金重复计算利息。单利的计算包括计算单利利息、单利终值和单利现值。单利终值是指本金和未来利息之和。单利现值是指未来收到或付出资金按单利计算的现在价值。

2. 复利终值和现值的计算

复利是计算利息的另一种方法，是指每经过一个计息期，就要将该期所派生的利息加入本金再计算利息，逐期滚动计算，俗称"利滚利"。复利的计算包括计算复利终值、复利现值和复利利息。这里所说的计息期，是指相邻两次计息的间隔，如年、月、日等。除非特别说明，计息期一般为一年。复利终值是按复利计息方式，经过若干个计息期后包括本金和利息在内的未来价值。复利现值是指未来一定时期的资金按复利计算的现在价值，或者说是为取得将来一定的本利和现在需要投入的本金量，是复利终值的逆运算，也叫贴现。

3. 年金终值和现值的计算

年金是指一定时期内，每隔相同的时间，收入或支出相同金额的系列款项，通常记作 A。在经济领域中，分期付款赊购、分期偿还贷款、融资租赁、养老金的发放、固定资产按照直线法计提的年折旧额、养老保险金、零存整取或整存零取储蓄等都采取年金的形式。年金按每次收付款发生的时点不同，可分为普通年金、即付年金、递延年金和永续年金。

（1）普通年金。普通年金又称为后付年金，是指发生在每期期末的等额收付款项。在现实经济生活中，这种年金最为常见，不加说明时，年金即指普通年金。其计算包括终值计算和现值计算。

（2）即付年金。即付年金又称为先付年金或预付年金，是指发生在每期期初的等额收付款项。即付年金与普通年金相比，区别就在于收付款的时间不同。

（3）递延年金。递延年金是等额系列收付款项发生在第一期以后的年金，即最初若干期没有收付款项，后面若干期每期期末有等额的系列收付款项。它是普通年金的特殊形式，所有不是从第一期开始的普通年金都是递延年金。没有收付款项的若干期称为递延期。

（4）永续年金。永续年金是无限期等额收付的特种年金，是普通年金的特殊形式。因为永续年金持续期无限，没有终止时间，所以没有终值，只有现值。

二、投资风险分析

（一）风险的含义

企业的经营活动经常是在有风险的情况下进行的。在一定条件下、一定时期内，某一项行动具有多种可能但结果不确定，人们只能估计采取某种行为可能形成的结果，以及每种结果出现的可能性程度，而行动的最终结果究竟会怎样，却无法预先获知。例如，对于掷硬币的游戏，人们事先知道硬币在落地时有正面朝上和反面朝上两种结果，而且知道每种结果出现的可能性各占一半，但每次掷硬币的结果究竟是正面朝上还是反面朝上，谁也不能肯定。再如，企业投产一个新的产品，虽然在投产前经过了市场调查，觉得有利润才决定生产，但最终是否能获取预期的利润仍是一个未知数，因为成本、价格、销售、市场的需求度等这些影响利润的因素都有可能发生预想不到并且无法控制的变化。所以，企业的这种投资行为是存在风险性的。一般来说，风险产生的原因主要是缺乏信息和决策者不能控制未来事物的发展过程。

具有多样性和不确定性的风险有以下三个显著特点。

1.客观存在性

风险既然是事件本身的不确定性，便具有客观性，即财务活动的风险是客观存在的。每一项财务活动风险的大小是既定的，是决策者所无法改变的。但是，是否冒风险以及冒多大的风险却是决策者能够选择的，是决策者通过拟定财务决策在主观上能够控制的。

2. 相对性

风险是一个相对的概念,会随时间的推移而改变。对于某一既定的财务活动而言,在预测阶段由于财务活动本身受各种外部因素的影响,而各种因素的变化本身又具有不确定性和不可控性,所以先前的预测可能很不准确。但是随着时间的推移,外部的各种影响因素逐渐地变成了事实,成为客观存在的环境,是决策者所能够掌握的信息资料,财务活动的不确定性随之减少,风险也在减少。当财务活动结束后,其结果已成事实,形成完全确定的数据资料,也就不存在风险了。因此,风险是相对时间而言的,是"一段时间内"的风险。

3. 两面性

风险具有两面性,是一柄"双刃剑",可能给投资者带来超出预期的收益,也可能给投资者带来超出预期的损失。正因如此,投资者冒风险进行投资时,不仅要考虑可能获得的超额报酬,同时也要考虑风险可能产生的超额损失及企业(投资者)对风险带来的损失的承受能力。一般而言,投资者对意外损失的关切远比对意外收益的关切强烈得多。人们在研究风险时,往往侧重于对风险带来的意外损失进行分析,常常致力于研究如何降低风险带来的不利影响。

(二)风险的类别

从个别理财主体的角度看,风险可以分为两类:市场风险和企业特有风险。

1. 市场风险

市场风险是指在企业运营的环境中存在的对所有企业均产生影响的因素发生变化时产生的风险,如战争、自然灾害、经济周期的变化、通货膨胀、财政政策和货币政策。这类风险是由企业的外部因素引起的,关系到市场中存在的所有投资对象,是投资者无法通过多元化投资来分散的,因此又称为不可分散风险或系统性风险。例如,1997年的亚洲金融危机造成全球金融市场价格的大幅度下跌,这种风险便是市场风险,是任何个别投资者无法回避的,也是任何投资组合所不能分散的风险。

2.企业特有风险

企业特有风险是指发生于个别企业的特有事件造成的风险,例如罢工、新产品开发失败、没有争取到重要的合同、诉讼失败等。这类事件是随机发生的,因而可以通过多元化投资来分散风险,即发生于一家企业的不利事件可以被企业的其他有利事件抵消。这类风险因其具有可分散、可抵消性,所以称其为可分散风险或非系统性风险。例如,一个人投资股票时,买几种不同行业、不同产品和业务企业的股票的风险比买进单一股票的风险小。

从企业本身来看,按风险形成的原因不同可分为经营风险和财务风险两种。

(1)经营风险。经营风险是指生产经营的不确定性带来的风险,它是任何商业活动都具有的风险,也称为商业风险。经营风险主要来自市场销售的波动、生产成本的变化、生产技术的不断改进以及其他对生产经营活动产生影响的各因素的变化。经营风险将会使企业的营运报酬变得不确定。

(2)财务风险。财务风险是指因企业借款而增加的风险,是筹资决策带来的风险,也叫筹资风险。企业举债经营,全部资金中除自有资金外还有一部分借入资金,这会对自有资金的盈利能力造成影响;同时,借入资金须还本付息,一旦无力偿付到期债务,企业会陷入财务困境甚至破产。对财务风险的管理,关键是要保证有一个合理的资本结构,维持适当的负债水平,既要充分利用举债经营这一手段获取财务杠杆收益,提高自有资金的盈利能力,同时又要注意防止过度举债而引起的财务风险的加大,避免陷入财务困境。

(三)投资风险的分析方法

对于企业来说,一直不懈追求的就是利润最大化,而利润和风险又有着紧密的联系,人们常说风险和利润成正比,即风险越大的项目,其利润也可能越大。所以,在企业的任何经营活动中都不能忽略对风险的分析。当一个企业有多种投资项目可供选择时,就要分析哪种投资的风险在其承受范围之内,同时又能获得最大的收益。投资风险的分析方法有盈亏平衡点分析法、敏感性分析法、风险调整贴现率法、肯定当量法等。

1. 盈亏平衡点分析法

盈亏平衡点分析法是运用量、本、利之间的关系理论，对产品投入的可行性进行论证的方法。这种方法可以用来作为企业产品定价决策的依据，也可以用来作为控制成本的依据，并通过对其经营安全性的评价考虑是否投产该产品。

盈亏平衡点分析法的核心是盈亏平衡点的计算分析。盈亏平衡点是指在企业利润等于零，即销售收入等于总成本时企业的销售量或销售额。在这个点上，产品没有利润，刚好保本，收支平衡。以盈亏平衡点为界限，销售收入高于此点时，企业盈利；反之，则企业亏损。盈亏平衡点分析法的表达形式可以用实物产量、单位产品售价、销售收入等绝对量表示，也可以用生产能力利用率等某些相对指标衡量。

盈亏平衡点的应用主要是用来判断企业的经营安全性问题。根据固定成本和变动成本的高低，可以将产品的经营安全性分为以下四种情况。

（1）安全型，是指产品的固定成本和变动成本都低的情况。这时即使减少销售量也不易出现亏损，这是一种理想的经营状况。

（2）警戒型，是指产品的固定成本较低、变动成本较高的情况。在这种情况下，销售额的增加对利润的增减反应不灵敏，一般对原材料的依赖较大、附加值较低的行业多数呈现这种状态，也可以称为"慢性赤字型"，可以采取的措施是降低变动成本。

（3）成长型，是指产品的固定成本较高、变动成本较低的情况。它是一种积极的经营状况，因为只要产销量上去，利润就会出现增长，这一点与安全型相似。从盈亏平衡的角度看，这种情况又与警戒型相似，具有成长特性。

（4）危险型，是指固定成本和变动成本都高的情况。在这种情况下，只要销售额下降一点点，就会导致亏损；即便是销售额增加一些，也增加不了多少利润，因为它的盈亏平衡点太高了，因此企业要尽一切可能避免这种情况的出现。

2. 敏感性分析法

敏感性分析法是在决定一个项目投资效益的许多不确定因素中，测定其中一个或几个敏感性因素变动时对项目投资效益影响程度的分析方法。在影响项目投资效益的不确定因素中，有一些因素属于敏感性因素，这些因素稍有变动就会引起投资效益指标的明显变动；另一些因素属于不敏感性因素，当其变动时，只能引起投资效益指标的一般性变动，甚至看不出什么变动。为使项目决策人员对项目的风险程度有所了解，就应从不确定因素中寻找那些对项目投资效益有重大影响，并在建设和投产期可能发生较大变动的敏感性因素，而后根据敏感性因素的变动幅度，分别计算净现值或内部收益率指标。敏感性分析可以使决策者在缺少资料的情况下，尽量弥补和缩小对未来方案预测的误差，了解不确定因素对评价指标的影响程度，明确各因素变化到什么程度时才会影响方案经济效果的最优性，从而提高决策的准确性，降低投资风险。

一般可按以下步骤和方法进行敏感性分析。

（1）确定敏感性分析的研究对象。敏感性分析是通过不确定因素对投资项目效益指标的影响所作的分析。因此，它的研究对象就是众多的投资效果指标。在对具体项目进行分析时，应根据项目所处的不同阶段和指标的重要程度选取不同的研究对象。如在编制项目建议书阶段，相当于项目的机会研究，此时有关项目的各种资料可能并不完整，所以通常选择投资收益率和投资回收期指标作为分析对象；在可行性研究阶段，一般选用净现值和内部收益率指标作为分析对象。

（2）选定分析对比的不确定因素。影响项目经济效益指标的不确定因素很多，企业不可能对所有的因素都作敏感性分析，一般总是选择那些对投资效益指标影响较大的不确定因素，或者是在确定性评估中所选择的数据可靠性不大的因素。这些因素通常有固定资产投资和流动资金投资、固定成本和变动成本、产品价格、产（销）量、投资回收期和项目寿命年限等。

（3）计算分析变量因素的变动影响，计算变化率。把选定的某个不确定因素设定其可能变动的幅度，将其他因素固定，接着计算经济效益指标的变动结果，计算出变化率。在对每一因素都作了上述测定以后，计算出因素变动及相应指标变动的结果。

（4）绘制敏感性曲线图，找出敏感性因素。将第（3）步计算的结果绘制成敏感性曲线图或列表，寻找敏感性因素。测定敏感性因素的方法有两种：一种称为相对测定法，即在测算变量因素的变动对经济指标的影响时，将各个不确定因素的变化率取同一数值,再来计算经济效果指标的影响大小,然后按其大小进行排列,对经济效果指标影响最大的因素即为敏感性因素;另一种称为绝对测定法,是将选定的变量因素向可能发生的最差值变动,再计算所影响的经济指标值是否已超过项目可行的临界点,若已超过其临界点则表明该因素为敏感性因素。

(5)明确敏感性因素变化的最大极限值。敏感性因素可能发生最大变化的终极点称为最大极限值,最大极限值一般是指向效益差的方向变化的极限值,该值所引起的效益变化可能超过项目的临界值。与项目效益指标的临界值相对应的因素变化值为最大允许极限值。了解了因素变化的最大极限值和最大允许极限值,一方面可以很快找出敏感性因素,另一方面便于在项目运行进程中密切注视该因素的变化。因此,企业应采取必要的防范措施,限制其超过最大允许极限值。

通过敏感性分析可以了解不确定因素对项目经济效益的影响大小,并找出敏感因素。同时可以测定达到项目效益临界点的敏感因素允许变动幅度。但敏感性分析实际上还只是一种定性分析,它无法测定不确定因素发生的可能性有多大,更不能对项目效益指标的影响程度做出定量分析结果。所以,有必要深入进行概率和风险分析。

3. 风险调整贴现率法

风险调整贴现率法是根据项目的风险程度来调整贴现率,然后再根据调整后的贴现率计算项目的净现值,并根据计算的净现值进行投资方案决策的方法。

(1)风险调整贴现率法的基本原理。贴现率或资金成本是投资者进行项目投资所要求的最低报酬率,当项目投资的风险增大时,投资者要求的报酬也上升;反之,当项目投资的风险减少时,投资者要求的报酬也下降。所以,风险越大,贴现率越高;风险越小,贴现率越低。

(2)风险调整贴现率法的决策规则。运用风险调整贴现率法进行互斥投资决策方案的选择时,同样应优选净现值大的方案;运用风险调整贴现率法进行是否投资决策时,只要净现值大于零,方案都可接受。

(3)风险调整贴现率的确定。风险调整贴现率法的最大问题是风险调整贴现率的确定。其确定的方法有多种,比较有代表性的是用风险报酬斜率调整贴现率。由于项目投资的总报酬可分为无风险报酬和风险报酬两部分，对应的含风险的调整贴现率由无风险报酬率与风险报酬率构成。

（4）风险调整贴现率法的特点。风险调整贴现率法的特点是容易理解，企业可以根据自己对风险的偏好来确定风险调整贴现率，因此在实际中被广泛使用。但是，风险调整贴现率法在贴现过程中的计算较为复杂，并且容易把风险因素与时间因素混为一谈，人为地假定风险随着时间的延长而增大，这并不一定符合实际情况，故其结果可能存在误差。

4. 肯定当量法

肯定当量法是针对风险调整贴现率法的缺点提出来的。这种方法是先用一个系数把有风险的现金收支调整为无风险的现金收支，然后用无风险的贴现率计算净现值，以便用净现值的规则判断投资机会的可取程度。

（1）肯定当量法的基本原理。肯定当量法首先根据投资项目的风险程度调整现金流量，然后用无风险的投资报酬率来计算风险项目的净现值，最后根据净现值来进行项目的投资决策。这是一种风险评估方法。

（2）肯定当量法的决策规则。在运用肯定当量法进行互斥投资决策方案的选择时，同样应优选净现值大的方案，只要净现值大于零，方案都可接受。

需要说明的是，肯定当量系数是指不肯定的1元现金流量期望值相当于使投资者满意的肯定现金流量的系数。因为，肯定的1元比不肯定的1元更受欢迎，不肯定的1元只相当于不足1元的金额。两者的差额与不确定性的程度有关。

（3）肯定当量法的特点。肯定当量法是通过调整净现值的分子来考虑项目的投资风险，其计算简便；肯定当量法克服了风险调整贴现率法夸大远期风险的缺点，可以根据各年不同的风险程度分别采取不同的肯定当量系数，但如何确定当量系数是实际应用中的难题所在。

第二章

财务审计基础知识

第一节 财务审计概述

一、财务审计的定义

财务审计是指审计机构及审计人员按照《中华人民共和国审计法》及其实施条例,以及其他有关企业财务审计准则规定的程序和方法,对企业资产、负债、损益的真实性、合法性、效益性进行审计监督,对被审计单位会计报表反映的会计信息依法作出客观、公正的评价,形成审计报告,出具审计意见和决定的活动。

需要指出的是,财务审计是现代企业环境和现代审计环境相结合的产物,是一个发展的概念。财务审计的审计主体不仅包括社会审计组织,还包括国家审计机关和企业内部审计机构,以及这些专门审计组织的专职审计人员。企业财务审计,明确地将其范围界定在国有企业及国有控股企业和其他企业的财务审计范畴之中,不是泛指对社会所有财务活动的审计,比如不包括对社会捐赠资金、社会保障资金、境外援助资金、境外贷款资金和国家对基本建设项目的固定资产投资等方面的审计。

二、财务审计的内容

如前所述,财务审计是对被审计单位的会计资料及其所反映的财政收支、财务收支活动的真实性、正确性、公允性、合法性和合规性所进行的审计,又称传统审计或常规审计。根据被审计单位的不同,财务审计的范围主要包括对实行预算管理的行政事业单位财务收支的审计、对基本建设项目财务收支情况的审计,以及对实行盈利管理的企业财务收支的审计等。就企业财务审计而言,企业财务审计的对象主要包括两个方面:一是被审计单位的财务收支及相关经济活动,二是记载和反映这些经济活动的会计报表及相关资料。将企业财务审计对象的内容具体化,就构成了企业财务审计的内容。一般来说,财务审计的内容主要包括以下七项。

(一)财务报表审计

财务报表审计是对企业的资产负债表、利润表、现金流量表、所有者权益变动表、财务报表附注,以及相关的会计账簿和会计凭证的真实性、合法性进行的审计。

(二)资产审计

资产审计是对企业的各项资产进行的审计,包括对流动资产、长期股权投资、持有至到期投资、固定资产及其累计折旧、在建工程、无形资产和其他资产的安全完整、保值增值情况进行的审计。

(三)负债审计

负债审计是对企业的各项负债进行的审计,主要是对流动负债和长期负债的情况进行审计,具体包括对短期借款、应付票据、应付账款、其他应付款、应付职工薪酬、应交税费、应付利润、长期借款、应付债券、长期应付款等项目的审计。

（四）所有者权益审计

所有者权益审计是对企业的各项所有者权益进行的审计，包括对实收资本、资本公积、盈余公积和未分配利润的真实性、合法性进行审计。

（五）收入审计

收入审计是对企业的营业收入进行审计，通过对销货与收款循环的内部控制制度测试、营业收入的实质性测试，对营业收入的真实性、合法性进行审计。

（六）费用审计

费用审计是对企业的成本费用进行的审计，包括对产品成本、营业成本、税金及附加和期间费用的审计。

（七）利润审计

利润审计是对企业利润的形成及分配项目进行的审计，包括对营业利润、利润总额、所得税费用和利润分配情况的审计。

三、财务审计的目标

财务审计的基本目的是通过审计来查错补漏，揭示和反映企业资产负债和盈亏的真实情况，找出企业财务收支中各种违法违规问题，以保护财产的安全完整，维护财经法纪，促使被审计单位加强财务管理和经营管理，提高经济效益。下面按照我国审计准则的规定，分别阐述财务审计的总目标、财务审计的认定及具体审计目标。

（一）财务审计的总目标

财务报表是企业内部和外部各方面了解企业财务状况的重要手段，因此，财务审计可以通过对财务报表的独立审核与评价，保证财务报表的真实性和准确性，规范企业的财务管理行为，防范企业的财务风险。可以说，财务报表审计是财务审计中的重要内容。

财务报表审计的目标是审计人员通过执行审计工作，对财务报表的两个方面发表审计意见：一是财务报表是否按照适用的会计准则和相关会计制度的规定编制，二是财务报表是否在所有重大方面公允地反映了被审计单位的财务状况、经营成果和现金流量。其中，前者是审计人员通过执行审计工作，对财务报表的合法性发表审计意见；后者是审计人员通过执行审计工作，对财务报表的公允性发表审计意见。

评价财务报表合法性的内容主要有：评价选择和运用的会计政策是否符合适用的会计准则与相关会计制度，并能适用于被审计单位的具体情况；评价管理层作出的会计估计是否合理；评价财务报表反映的信息是否具有相关性、可靠性、可比性和可理解性；评价财务报表是否作出充分披露，使财务报表使用者能够理解重大交易和事项对被审计单位财务状况、经营成果和现金流量的影响。

评价财务报表公允性的内容主要有：评价经营管理层调整后的财务报表是否与审计人员对被审计单位及其环境的了解一致；评价财务报表的列报、结构和内容是否合理；评价财务报表是否真实地反映了交易和事项的经济实质。

（二）财务审计的认定及具体审计目标

认定是指被审计单位管理层对财务报表组成要素的确认、计量、列报作出的明确或者隐含的表达。认定与审计目标密切相关，审计人员的基本职责就是确定被审计单位管理层对其财务报表的认定是否恰当。审计人员了解认定，就很容易确定每个项目的具体审计目标，并以此作为评估重大错报风险，以及设计和实施进一步审计程序的基础。

1. 与各类交易和事项相关的审计目标

与各类交易和事项相关的审计目标主要包括以下五个方面。

（1）发生。由发生认定推导的审计目标是已记录的交易是真实的。例如，如果没有发生销售交易，但在销售日记账中记录了一笔销售业务，则违反了该目标。发生认定所要解决的问题是管理层是否把那些不曾发生的项目记入财务报表，它主要与财务报表组成要素被高估有关。

（2）完整性。由完整性认定推导的审计目标是已发生的交易确实已经记录。例如，如果发生了销售交易，但没有在销售日记账和总账中记录，则违反了该目标。发生和完整性两者强调的是相反的关注点。发生目标针对潜在的高估，而完整性目标则针对漏记（低估）交易。

（3）准确性。由准确性认定推导的审计目标是已记录的交易是按正确金额反映的。例如，如果在销售交易中，发出商品的数量与账单上的数量不符，或是开账单时使用了错误的销售价格，或是账单中的乘积或加总数有误，或是在销售日记账中记录了错误的金额，则违反了该目标。准确性与发生、完整性之间存在区别。例如，若已记录的销售交易是不应当记录的（如发出的商品是寄销商品），则即使发票金额是准确计算的，也违反了发生目标。再如，若已入账的销售交易是对正确发出商品的记录，但金额计算错误，则违反了准确性目标，而没有违反发生目标。在完整性与准确性之间也存在同样的关系。

（4）截止。由截止认定推导的审计目标是接近资产负债表日的交易记录于恰当的期间。例如，如果将本期交易推到下期，或将下期交易提到本期，均违反了截止目标。

（5）分类。由分类认定推导的审计目标是被审计单位记录的交易经过适当分类。例如，如果将现销记录为赊销，将出售经营性固定资产所得收入记录为营业收入，则导致交易分类的错误，违反了分类目标。

2. 与期末账户余额相关的审计目标

与期末账户余额相关的审计目标，主要包括以下四个方面。

（1）存在。由存在认定推导的审计目标是记录的金额确实存在。例如，如果不存在某顾客的应收账款，在应收账款试算平衡表中却列示了对该顾客的应收账款，则违反了存在目标。

（2）权利和义务。由权利和义务认定推导的审计目标是资产归属于被审计单位，负债属于被审计单位的义务。例如，将他人寄售商品记入被审计单位的存货中，违反了权利目标；将不属于被审计单位的债务记入账内，则违反了义务目标。

（3）完整性。由完整性认定推导的审计目标是已存在的金额均已记录。例如，如果存在某顾客的应收账款，在应收账款试算平衡表中却没有列入对该顾客的应收账款，则违反了完整性目标。

（4）计价和分摊。资产、负债和所有者权益以恰当的金额包括在财务报表中，与之相关的计价或分摊调整已恰当记录。

3. 与列报相关的审计目标

各类交易和账户余额的认定正确只是为列报正确打下了必要的基础，财务报表还可能因被审计单位误解有关列报的规定或舞弊等而产生错报。另外，还可能因被审计单位没有遵守一些专门的披露要求而导致财务报表错报。因此，即使审计人员审计了各类交易和账户余额的认定，实现了各类交易和账户余额的具体审计目标，也并不意味着获取了足以对财务报表发表审计意见的充分、适当的审计证据。审计人员还应当对各类交易、账户余额及相关事项在财务报表中列报的正确性实施审计。

（1）发生及权利和义务。将没有发生的交易、事项，或与被审计单位无关的交易和事项包括在财务报表中，则违反了该目标。例如，复核董事会会议记录中是否记载了固定资产抵押等事项，询问管理层固定资产是否被抵押，就是对列报的发生及权利和义务认定的运用。如果抵押了固定资产，则需要在财务报表中列报，说明其权利受到限制。

（2）完整性。如果应当披露的事项没有包括在财务报表中，则违反了该目标。例如，检查关联方和关联交易，以验证其在财务报表中是否得到充分披露，就是对列报的完整性认定的运用。

（3）分类和可理解性。即确认财务信息已被恰当地列报和描述，并且披露内容表述清楚。例如，检查存货的主要类别是否已披露，是否将一年内到期的长期负债列为流动负债，就是对列报的分类和可理解性认定的运用。

（4）准确性和计价。即确认财务信息和其他信息已公允披露，并且金额恰当。例如，检查财务报表附注是否分别对原材料、产品和产成品等存货成本核算方法做了恰当说明，就是对列报的准确性和计价认定的运用。

第二节　审计证据与审计工作底稿

一、审计证据

（一）审计证据的定义

审计证据是指审计人员为了得出审计结论、形成审计意见而使用的所有信息，包括财务报表依据的会计记录中含有的信息和其他信息。

财务报表依据的会计记录，一般包括对初始分录的记录和支持性记录，如支票、电子资金转账记录、发票、合同、总账、明细账、记账凭证和未在记账凭证中反映的对财务报表的其他调整，以及支持成本分配、计算、调节和披露的手工计算表和电子数据表。

可用作审计证据的其他信息，主要包括：审计人员从被审计单位内部或外部获取的会计记录以外的信息，如被审计单位会议记录、内部控制手册、询证函的回函、分析师的报告、与竞争者的比较数据等；通过询问、观察和检查等审计程序获取的信息，如通过检查存货获取存货存在性的证据等；自身编制或获取的可以通过合理推断得出结论的信息，如审计人员编制的各种计算表、分析表等。

财务报表依据的会计记录中包含的信息和其他信息共同构成了审计证据，两者缺一不可。只有将两者结合在一起，才能将审计风险降至可接受的低水平，为审计人员发表审计意见提供合理基础。

（二）审计证据的类型

1. 按审计证据的来源分类

按审计证据的来源，审计证据可分为内部证据、内外证据、外内证据和外部证据。

内部证据是指由被审计单位产生和处理的审计证据。例如，会计账簿、产量记录都属于内部证据，因为它们是由被审计单位制作、处理和保存的。这种证据的证明力较低。

内外证据是指由被审计单位产生，但通过外部实体的活动加以处理的审计证据。例如，企业签发的支票必须由银行进行处理。

外内证据是指证据产生于外部，但由被审计单位进行处理或保存的审计证据。例如，接受货物或劳务而得到的发票就是外内证据。

外部证据是指那些源自外部实体，并且不经过被审计单位的经营系统就直接被审计人员获取的证据，这类证据的证明力最强。例如，向客户索取的询证函回函。

2. 按审计证据的形式分类

按审计证据的形式，审计证据可以分为实物证据、书面证据、口头证据和环境证据。

实物证据是指表现为实物形式，审计人员可以通过观察和清点得到的证据，如现金、固定资产和存货等。

书面证据又称为文件证据，是表明被审计单位经济活动的各种书面记录，如会计报表、合同协议等。

口头证据是指审计人员通过口头询问或咨询等方式获取的证据。一般来讲，口头证据的证明力较差，它本身并不足以证明事情的真相。

环境证据又称状况证据，是指对企业产生影响的各种环境事实，如内部控制、企业管理人员的素质等。

3. 按审计证据的相互关系分类

按审计证据的相互关系，审计证据可分为基本证据、佐证证据和矛盾证据。

基本证据也称基础证据，是指对被审计事项具有直接证明力的证据。例如，审查会计报表是否正确时，账簿是基本证据；审查利润分配是否正确时，股东大会决议和本年可分配利润是直接证据。

佐证证据也称确证证据或旁证，是指能支持基本证据证明力的证据。例如，原始凭证可以支持记账凭证的正确性，考勤记录可以支持应付职工薪酬的正确性。

矛盾证据是指证明的内容与基本证据不一致或相反的证据。例如，某公司销售情况非常好，但报表上销售收入不高，这类矛盾证据就为审计人员提供了线索。

4. 按审计证据取得的方式分类

按审计证据取得的方式，审计证据可分为现成证据和非现成证据。

现成证据是指被审计单位已有的，不需要审计人员加工的证据。如会计资料、财产记录、考勤记录等。

非现成证据是指经审计人员工作后所取得的记录。如分析性复核记录、应收账款询证函的回函等。

（三）审计证据的特性

审计人员应当获取充分、适当的审计证据，为审计结论提供合理的基础。审计证据的充分性是对证据数量的衡量，审计证据的适当性是对证据质量的衡量。

1. 审计证据的充分性

审计证据的充分性是指审计证据的数量足以支持审计人员的审计意见，是审计人员为形成审计意见所需审计证据的最低数量要求，但审计证据的数量也不是越多越好，足够就行。审计人员需要获取的审计证据的数量受错报风险的影响，错报风险越大，需要的审计证据可能越多。

2. 审计证据的适当性

审计证据的适当性是指审计证据的相关性和可靠性。

（1）审计证据的相关性。审计人员只能利用与审计目标相关联（具有相关性）的审计证据来证明和否定管理当局所认定的事项。需要指出三点。第一，特定的审计程序可能只为某些认定提供相关的审计证据，而与其他认定无关。例如，检查期后应收账款收回的记录和文件可以提供有关该笔应收账款真实存在与计价的审计证据，但是不一定与期末截止是否适当相关。第二，针对同一项认定，可以从不同来源获取审计证据或获取不同性质的审计证据。例如，审计人员可以分析应收账款的账龄和应收账款的期后收回情况，以获取与坏账准备计价有关的审计证据。第三，只与特定认定相关的审计证据并不能替代与其他认定相关的审计证据。例如，有关存货实物存在的审计证据并不能够替代与存货计价相关的审计证据。

（2）审计证据的可靠性。审计证据的可靠性是指审计证据应能如实反映客观事实，即审计证据应具有证明力。可靠性受其来源和性质的影响，主要表现在：第一，从外部独立来源获取的审计证据比从其他来源获取的审计证据更可靠；第二，内部控制有效时内部生成的审计证据比内部控制薄弱时内部生成的审计证据更可靠；第三，直接获取的审计证据比间接获取或推论得出的审计证据更可靠；第四，以文件、记录形式（无论是纸质、电子形式还是其他形式）存在的审计证据比口头形式的审计证据更可靠；第五，从原件获取的审计证据比从传真件获取的审计证据更可靠。

审计人员在按照上述原则评价审计证据的可靠性时，还应当注意可能出现的重要例外情况。例如，审计证据虽是从独立的外部来源获得，但如果该证据是由不知情者或不具备资格者提供的，则该审计证据也可能是不可靠的；同样地，如果审计人员不具备评价证据的专业能力，那么即使是直接获取的证据也可能不可靠。

（四）获取审计证据的方法

审计人员获取审计证据的方法，简称为审计取证方法，是狭义的审计方法。一般来说，审计人员可以采取检查、监盘、查询及函证、重新计算、重新执行和分析性复核程序等方法获取审计证据。

二、审计工作底稿

（一）审计工作底稿的定义

审计工作底稿是指审计人员对制订的审计计划、实施的审计程序、获取的相关审计证据，以及得出的审计结论所做的记录。审计工作底稿是审计证据的载体，是审计人员在审计过程中形成的审计工作记录和获取的资料，它形成于审计过程，也反映整个审计过程。

审计工作底稿是审计人员从事审计工作时普遍使用的专业工具，编制或取得审计工作底稿是审计人员最主要的工作。审计工作底稿是形成审计结论、发表审计意见的直接依据，是评价考核审计人员专业能力和工作业绩，并明确其审计责任的主要依据，也是审计质量控制与监督的基础，它对未来审计业务具有参考、备查作用。因此，审计人员必须重视审计工作底稿的编制，认真填写审计工作底稿。

（二）审计工作底稿的分类

根据审计工作底稿的性质和作用，可将其分为三类：综合类审计工作底稿、业务类审计工作底稿和备查类审计工作底稿。

1. 综合类审计工作底稿

综合类审计工作底稿是指审计人员在审计计划和审计报告阶段，为规划、控制和总结整个审计工作，并发表审计意见所形成的审计工作底稿，主要包括审计业务约定书、审计计划、审计报告未定稿、审计总结及审计调整分录汇总表等综合性的审计工作记录。

2. 业务类审计工作底稿

业务类审计工作底稿是指审计人员在审计实施阶段执行具体审计程序时所编制和取得的工作底稿，主要包括审计人员在执行预备调查、控制测试和实质性测试等审计程序时所形成的工作底稿。

3. 备查类审计工作底稿

备查类审计工作底稿是指审计人员在审计过程中形成的，对审计工作仅具有备查作用的审计工作底稿，主要包括与审计约定事项有关的重要法律性文件、重要会议记录与纪要、重要经济合同与协议、企业营业执照、企业章程等原始资料的副本或复印件。

（三）审计工作底稿的要素

审计工作底稿是审计人员在审计过程中形成的审计工作记录和获取的资料，其形成方式有编制和取得两种。其中，自行编制的工作底稿应当全面记录审计计划的执行轨迹、审计证据的收集过程、职业判断的依据及过程和审计意见的形成过程等。大部分工作底稿应当由审计人员自行编制。对于由委托单位或第三方提供的资料，严格地讲，并不是审计工作底稿，只有在审计人员实施必要的审计程序并形成相应的审计记录后，才能将其作为审计工作底稿的重要组成部分。一般来说，不同的审计程序会使审计人员获得不同性质的审计证据，由此，审计人员可能会编制不同格式、内容和范围的审计工作底稿。

尽管审计工作底稿的具体格式有所不同，但每一张审计工作底稿都必须同时具备一些基本要素，包括：①被审计单位名称；②审计项目名称；③审计项目时点或期间；④审计过程记录；⑤审计标志及其说明；⑥审计结论；⑦索引号及页次；⑧编制者姓名及编制日期；⑨复核者姓名及复核日期；⑩其他应说明的事项。

（四）审计工作底稿的复核

由于一张单独的审计工作底稿往往由一名审计人员编制完成，难免会存在资料引用、专业判断和计算分类方面上的误差。因此，对已经编制完成的审计工作底稿，必须安排有关专业人员进行复核，以保证审计意见的正确性和审计工作底稿的规范性。

审计工作底稿的复核，在我国目前较为普遍采用的形式是三级复核制度，它对于提高审计工作质量，加强质量控制起到了重要的作用。所谓三级复核制度，是指以主任会计师、部门经理（或签字注册会计师）和项目负责人（或项目经理）为复核人，依照规定的程序和要点对审计工作底稿进行逐级复核的制度。三级复核具体来说有以下三个级别。

1. 第一级复核

第一级复核也称为详细复核，是指由部门经理（或项目负责人）负责的，对下属各类注册会计师编制或取得的审计工作底稿逐张进行复核。其目的在于按照审计准则的规范要求，发现并指出问题，及时加以修正和完善。

2. 第二级复核

第二级复核也称为一般复核，是指由部门经理（或签字注册会计师）负责的，在详细复核的基础上，对审计工作底稿中重要会计账项的审计程序实施情况、审计调整事项和审计结论进行复核。一般复核的实质是对部门经理负责的详细复核的再监督，其目的在于按照有关准则的要求对重要审计事项进行把关、监督。

3. 第三级复核

第三级复核也称为重点复核，是指由主任会计师或指定代理人负责的，在一般复核的基础上对审计过程中的重大会计问题、重大审计调整事项和重要的审计工作底稿进行复核。重点复核是对详细复核结果的二次监督，同时是对一般复核的再监督，其目的在于使整个审计工作的计划、进度、实施、结论和质量全面达到审计准则的要求。通过重点复核后的审计工作底稿方可作为发表审计意见的基础，可以进行归类管理。

（五）审计工作底稿的所有权和保管

审计工作底稿的所有权属于接受委托进行审计的会计师事务所。注册会计师应对审计工作底稿进行分类整理，形成审计档案。审计档案分为永久性档案和当期档案。会计师事务所应当建立审计档案保管制度，以确保审计档案的安全、完整。

会计师事务所应当建立审计工作底稿保密制度，对审计工作底稿中涉及的商业秘密保密。法院、检察院及其他部门依法查阅，并按规定办理了必要手续的不属于泄密，注册会计师协会对审计执行情况进行检查时查阅审计工作底稿也不属于泄密。因审计工作需要，并经委托人同意，不同会计师事务所的注册会计师可以按照规定要求查阅审计工作底稿。拥有审计工作底稿的会计师事务所，应当对要求查阅者提供适当的协助，并根据审计工作底稿的内容及性质，决定是否允许要求查阅者阅览审计工作底稿，以及复印或摘录有关内容。

第三节　财务审计的程序

一、财务审计的内涵

所谓审计程序，是指审计人员实施审计工作的先后顺序。审计程序有广义和狭义两种。广义的审计程序是指审计机构和审计人员对审计项目从开始到结束的整个过程采取的系统性工作步骤，狭义的审计程序是指审计人员在实施审计的具体工作中所采取的审计方法。

一般来说，无论是社会审计，还是国家审计或内部审计，审计程序均包括审计准备、审计实施和审计终结三个阶段。但由于审计主体种类的不同，审计程序各个阶段的具体内容会有所不同。国家审计机关的审计程序，在《中华人民共和国审计法》及一系列审计规章中有明确的规定。中国注册会计师协会发布的《中国注册会计师审计准则》按照审计行业界公认的社会审计业务准则，制定了一系列具体准则，对社会审计的整个程序作出了规定，充分体现了社会审计工作的行业特点。内部审计工作程序既不同于社会审计，也与国家审计工作程序存在一定的区别，其三个阶段的具体内容主要取决于单位内部管理阶层根据需要作出的具体规定。本书主要以社会审计的程序为例介绍财务审计的程序。

就社会审计的程序而言，在审计准备、审计实施和审计终结三个阶段中，体现了社会审计自身的特点：在审计准备阶段，其主要工作是签订审计业务约定书，编制审计计划；在审计实施阶段，其主要工作是内部控制制度测评，运用审计方法获取审计证据，编制审计工作底稿；在审计终结阶段，其主要工作是完成审计外勤工作和出具审计报告等。

二、财务审计程序的实施

（一）签订审计业务约定书

审计人员应当在了解被审计单位基本情况的基础上，由审计组织接受委托，签订审计业务约定书。这项活动是由审计组织与委托人共同完成的，据以确认审计业务的受托与委托关系，明确委托的目的、审计范围及双方的责任与义务等事项，最终形成书面合约。审计业务约定书一旦签订便具有法定约束力，因此签约活动必须按下列程序和要求进行。

1. 签约前业务洽谈

在签订审计业务约定书之前，审计组织应当委派审计人员了解被审计单位的基本情况，初步评价审计风险。在接受委托之前，应当了解被审计单位的业务性质、经营规模、组织结构、经营情况、经营风险、以前年度接受审计的情况、财务会计机构及工作组织，以及其他与签订审计业务约定书相关的基本情况。在初步了解情况，评价审计风险并充分考虑自身承受委托能力的基础上，与委托人就约定事项进行商谈。如洽谈审计的目的与范围，审计中所采用的程序和方法，完成的工作量与工作时限，要求客户提供的工作条件和配合的方法、程度，双方的权利与义务，收费标准和付费方式等。商谈双方就约定事项达成一致意见后，即可接受委托，正式签订审计业务约定书。

2. 签订审计业务约定书

提出业务委托并与审计组织签订审计业务约定书的可以是单位，也可以是个人。签订审计业务约定书应由审计组织和委托人双方的法定代表人或其授权的代表签订，并加盖委托人和审计组织的印章。审计业务约定书应当包括签约双方的名称、委托目的、审计范围、会计责任与审计责任、签约双方的义务、出具审计报告的时间要求、审计报告的使用责任、审计收费、审计业务约定书的有效时间、违约责任、签约时间，以及签约双方认为应当约定的其他事项等内容。

（二）编制审计计划

审计计划是指审计人员为了完成年度会计报表审计业务，达到预期的审计目的，在具体执行审计程序之前编制的工作计划。审计计划包括总体审计计划和具体审计计划。总体审计计划是对审计的预期范围和实施方式所做的规划，是审计人员从接受审计委托到出具审计报告整个过程基本工作内容的综合计划。具体审计计划是依据总体审计计划制订的，是对实施总体审计计划所需要的审计程序的性质、时间和范围所做的详细规划与说明。审计人员在整个审计过程中，应当按照审计计划执行审计业务。

1. 编制审计计划前的准备工作

在编制审计计划前，审计人员应当了解被审计单位的年度会计报表、合同、协议、章程、营业执照、重要会议记录、相关内部控制制度、财务会计机构及工作组织、厂房、设备、办公场所、宏观经济形势及其对所在行业的影响，以及其他与编制审计计划相关的重要情况。在编制审计计划前，审计人员还应当查阅上一年度审计档案，关注上一年度的审计意见类型、审计计划及审计总结、重要的审计调整事项、管理建议重点、上一年度的或有损失，以及其他有关重要事项。若属于首次接受委托，审计人员可以同被审计单位的有关人员就总体审计计划的要点和某些审计程序进行讨论，并使审计程序与被审计单位有关人员的工作协调。总之，审计人员在编制审计计划之前，应当尽可能多地了解被审计单位的有关情况，并充分考虑其对本期审计工作的影响。

2. 审计计划的内容与编制

审计计划的繁简程度取决于被审计单位的经营规模和预定审计工作的复杂程度。因此，在编制审计计划时，审计人员应当对审计的重要性、审计风险进行适当评估。在编制审计计划时，要特别考虑一些基本因素，如委托的目的、审计范围及审计责任，被审计单位的经营规模及业务复杂程度，被审计单位以前年度的审计情况，被审计单位在审计年度内经营环境、内部管理的变化及其对审计的影响，被审计单位的持续经营能力，经济形势及行业政策的变化对被审计单位的影响，关联方及关联交易，国家最近颁发的有关法规对审计工作产生的影响，被审计单位会计政策及其变更，对专家、内部审计人员及其他审计人员工作的利用，审计小组成员业务能力、审计经历和对被审计单位情况的了解程度等。

总体审计计划的基本内容包括被审计单位的整体情况，审计目的、审计范围及审计策略，重要会计问题及重点审计领域，审计工作进度及时间、费用预算，审计小组组成及人员分工，审计重要性的确定及审计风险的评估，对专家、内部审计人员和其他审计人员工作的利用，以及其他有关内容。具体审计计划应当包括各具体审计项目的一些基本内容，如审计目标、审计程序、执行人及执行日期、审计工作底稿的索引，以及其他有关内容。具体审计计划的制订，可以通过编制审计程序表完成。

需要指出的是，在审计计划阶段，尤其要重视审计重要性的确定及审计风险的评估。重要性是指被审计单位会计报表错报或漏报的严重程度，这一程度在特定环境下可能影响会计报表使用者的判断或决定。审计风险由审计行为带来，是由于审计人员出具的审计报告与被审计项目真实情况不一致而承担审计责任的可能性。审计风险决策模型为：

$$审计风险 = 固有风险 \times 控制风险 \times 检查风险$$

在以上公式中，固有风险是指在不考虑被审计单位内部控制制度的情况下，会计工作本身发生重大错误的可能性；控制风险是指与被审计业务有关的内部控制未能预防和检查出账户金额或业务中重要错误的可能性，它可以通过相关测试进行测量；检查风险是指因审计人员和审计工作方面出现问题所导致的风险，如审计人员经验不足、责任心不强等导致的风险。

在审计中，重要性与审计风险之间呈相互作用的反向关系，即重要性水平越高，审计风险就越低；重要性水平越低，审计风险就越高。这里，重要性水平指的是金额的大小，是从会计报表使用者的角度来判断的。例如，一般来说，4万元的重要性水平比2万元的重要性水平高，如果重要性水平是4万元，则意味着低于4万元的错报与漏报不会影响会计报表使用者的判断与决策，审计人员仅需要通过执行有关审计程序查出高于4万元的错报或漏报即可。如果重要性水平是2万元，则意味着金额为2万元以上的错报或漏报会影响会计报表使用者的决策与判断，审计人员需要通过执行有关审计程序查出金额为2万元以上的错报或漏报。可见，重要性水平是4万元的审计风险比重要性水平是2万元的审计风险低。

在编制审计计划的工作中，审计人员需要考虑两个层次的重要性水平，即会计报表层和账户余额及交易金额层。会计报表层就是总体重要性水平，会计报表的累计错报金额超过该层次的重要性水平即可能造成对会计报表使用者的决策误导，它直接影响审计人员所签发的审计意见的类型。账户余额及交易金额层是指将会计报表层的重要性水平分解，分配到各账户或交易层，又称为可容忍误差。判断重要性水平并将其分配至账户与交易层的直接作用是帮助审计人员确定对各项目审计时所需收集的审计证据数量的计划水平。

3. 审计计划的审核

审计计划应当由审计组织的有关业务负责人审核和批准。对总体审计计划，应审核审计目的、审计范围及重点审计领域的确定是否恰当，对被审计单位的内部控制制度的依赖程度是否恰当，对审计重要性的确定及审计风险的评估是否恰当，对专家、内部审计人员及其他审计人员工作的利用是否恰当等。对于具体审计计划，应审核审计程序能否达到审计目标，审计程序是否适合审计项目的具体情况，重点审计领域中审计项目的审计程序是否恰当，重点审计程序的制定是否恰当。

审计计划经审计组织的有关业务负责人审核后，应将审核和批准的意见记录于审计工作底稿。审计计划应当在具体实施前下达给审计小组的全体成员。审计人员应当在执行中视审计情况的变化及时对审计计划进行修改、补充。审计计划的修改、补充意见，应经审计组织的有关业务负责人同意，并记录于审计工作底稿。

（三）内部控制制度评测

审计人员对被审计单位进行审计时，应当研究和评价被审计单位的相关内部控制制度，据以确定实质性测试的性质、时间和范围。对在审计过程中发现的内部控制制度的重大缺陷，应当向被审计单位报告，如有需要，可出具管理建议书。审计人员主要对会计控制制度进行测试，即对控制环境、会计制度和控制程序等方面进行测试，然后据以确定内部控制可依赖的程度。为了取得满意的测试效果，审计人员应正确地进行抽样，并评价抽样结果。

（四）运用审计方法获取审计证据

审计人员在进行审计时，除运用审计抽样的方法进行控制测试和实质性测试获取审计证据外，还可以运用检查、监盘、查询及函证、重新计算、重新执行、分析性复核程序等方法，以获取充分、适当的审计证据。对于异常变动项目，审计人员应当重新考虑其所采用的审计程序是否恰当。必要时，应当追加适当的审计程序。审计人员在获取证据时，可以同时采用上述方法。

审计人员应当对所获取的审计证据进行分析和评价，以形成相应的审计结论；对所获取的审计证据在审计工作底稿中予以清晰、完整的记录；对审计过程中发现的、尚有疑虑的重要事项，应进一步获取审计证据，以证实或消除疑虑。若在实施必要的审计程序后，仍不能获取所需要的审计证据，或无法实施必要的审计程序，审计人员应出具保留意见或无法表示意见的审计报告。

(五）编制审计工作底稿

审计工作底稿是审计人员在审计过程中形成的审计工作记录和获取的资料。审计工作底稿应如实反映审计计划的制订及实施情况，包括与形成和发表审计意见有关的所有重要事项，以及审计人员的专业判断。

审计人员编制审计工作底稿，应当包括被审计单位名称、审计项目名称、审计项目时点或期间、审计过程记录、审计标志及其说明、审计结论、索引号及页次、编制者姓名及编制日期、复核者姓名及复核日期，以及其他应说明的事项。审计工作底稿中由被审计单位、其他第三者提供或代为编制的，审计人员除应注明资料来源外，还要在实施必要的审计程序过程中，形成相应的审计记录。

（六）出具审计报告

审计人员应当在实施必要的审计程序后，以经过核实的审计证据为依据，形成审计意见，出具审计报告。审计报告应说明审计范围、会计责任与审计责任、审计依据和已实施的主要审计程序等事项；说明被审计单位会计报表的编制是否符合国家有关财务会计法规的规定，在所有重大方面是否公允地反映了被审计单位财务状况、经营成果和资金变动情况，以及所采用的会计处理方法是否遵循了一贯性原则。审计人员根据情况，出具无保留意见、否定意见和无法表示意见审计报告时，应当明确说明理由，并在可能的情况下，指出审计报告对会计报表反映的影响程度。

第四节　财务审计的方法

审计方法是指审计人员为了行使审计职能，完成审计任务，达到审计目标所采取的方式、手段和技术的总称。审计方法贯穿于整个审计工作过程，不只存在于某一审计阶段或某几个环节。审计工作从制订审计计划开始，直至出具审计报告、依法作出审计决定和最终建立审计档案，都会运用审计方法。审计方法有广义和狭义之分。其中,狭义的审计方法是指审计人员为取得充分有效的证据而采取的一切技术手段;广义的审计方法认为审计方法不应只是用来收集审计证据的技术,而应将整个审计过程中所运用的各种方式、方法、手段、技术都包括在审计方法的范畴之内。

一般来说,常用的审计方法有一般方法和技术方法。审计的一般方法是就审计工作的先后顺序和审计工作的范围或详简程度而进行划分的某种方法。前者如顺查法和逆查法,后者如详查法和抽样法。它们与审计取证没有直接联系,所以不是审计取证的具体方法。在审计工作中,要直接取得审计证据,还得依靠审计的技术方法。

一、审计的一般方法

(一) 顺序审查法

审计的一般方法按照审计工作的顺序和空间业务处理程序的关系,有顺查法和逆查法之分。

1. 顺查法

顺查法又称正查法,它是按照会计业务处理程序进行分类审查的一种方法,即按照所有原始凭证的发生时间顺序进行检查,逐一核对。首先检查原始凭证,核对并检查记账凭证,再根据凭证对日记账、总分类账、明细分类账进行检查,最后根据总账和明细账核对会计报表和进行报表分析,沿着"制证—过账—结账—试算"的账务处理程序,从头到尾进行普遍检查。

采用顺查法时,审计工作是细致、全面、完整、一步一个脚印地进行审阅核对,不易发生疏忽、遗漏等弊病。所以,对于内部控制制度不够健全、账目比较混乱、存在问题较多的被审计单位,采用顺查法较为适宜。其缺点是工作量大、费时费力,不利于提高审计工作效率及降低审计成本。

2. 逆查法

逆查法又称倒查法，它是按照会计业务处理的相反程序，即在检查过程中逆着记账程序进行检查的方法。通常先从记账程序的终端检查，从会计报表或账簿上发现线索，寻找疑点，然后逆着记账程序追根求源，进行检查。如先从会计报表查到会计账簿，再查到记账凭证，最后查到原始凭证，即从审阅、分析会计报表着手，根据发现的问题和疑点，确定审计重点，再来审查、核对有关的账册和凭证，而不必对报表中所有项目一个一个地进行审查。

逆查法是一种被普遍采用的查证方法，采用逆查法，易于抓住重点，有目的地进行检查，可以集中精力检查主要问题，在时间和人力上都较为节省，有利于提高审计工作效率和降低审计成本。但是，使用这种方法时，审计工作人员必须具有一定的分析判断能力和实际工作经验，才能胜任审计工作。如果审计人员分析判断能力较差，经验不丰富，特别是初次从事审计工作的人员，往往在审阅报表过程中发现不了问题，或分析判断不正确，以致影响审计的效果。如果查证人员对检查的重点问题判断失误，就会造成轻重倒置。同时，由于采用有重点的检查方法，会计凭证和账簿记载的差错与弊端就不可能全部被揭露出来，容易发生遗漏。

必须指出，顺查法和逆查法由于各有优劣，因此，在审计实务工作中，应当注意将两者结合起来运用。即在顺查过程中可以采用一定的逆查法，在逆查过程中也可以采用一定的顺查法。将两种方法结合使用，可以取长补短，增强审计效果和提高审计效率。

（二）范围审查法

审计方法按照审查经济业务资料的规模大小和收集审计证据范围的大小不同，又有详查法和抽样法之分。

1. 详查法

详查法又称详细审计，它是指对被审计单位一定时期内的全部会计资料（包括凭证、账簿和报表）进行详细的审核检查，以判断评价被审计单位经济活动的合法性、真实性和效益性的一种审计方法。此法的优点是容易查出问题，审计风险较小，审计结果比较正确。缺点是工作量较大，审计成本较高，所以在实际工作中，除对有严重问题的、非彻底检查不可的专案审计，以及经济活动很少的小型企事业单位采用此法外，一般是不采用的。

2. 抽样法

抽样法又称抽样审计，它是指从被审计单位一定时期内的会计资料（包括凭证、账簿和报表）中按照一定的方法抽出一部分进行审查，借以推断总体有无错误和舞弊，进而判断评价被审计单位经济活动的合法性、真实性和效益性的一种审计方法。运用抽样法，若在所抽查的样本中没有发现明显的错弊，则对未抽取的会计资料可不再进行审查；反之，则应扩大抽样的范围，或采用详查法。此法的优点是可以减少审计的工作量，降低审计成本。缺点是有较大的局限性，如果样本选择不当，就会使审计人员给出错误的结论，审计风险较大。为了避免这种情况的发生，采用这种方法时，审计人员通常要对被审计单位的内部控制制度进行评价，使审计结论有较大的可靠性。

在运用抽样法的过程中，审计人员应特别注意所选取的样本是否能够代表总体，否则就不能保证由抽样结果推断到总体特征这一过程具有合理性和可靠性。常用的样本选取方法有任意抽样、判断抽样和随机抽样等方法，审计人员应结合审计对象的具体情况选用恰当的方法。

二、审计的技术方法

审计的技术方法是指审计人员为了形成关于具体审计目标的审计证据所应用的比较行为的方法和手段。获取审计证据是审计技术方法的运用目的，比较行为是审计技术方法的重要特征。常用的审计技术方法主要有以下六种。

（一）检查

检查是审计人员对审计记录和其他书面文件可靠程度的审阅与核对，主要包括以下两个方面。

1. 会计记录和书面文件的审阅

审计人员要对被审计单位的会计凭证、会计账簿、会计报表，以及其他书面文件进行审阅。通过审阅找出问题和疑点，并将其作为审计线索，据以进一步确定审计的重点和程序。具体来说，包括以下四个方面。

（1）会计凭证的审阅。会计凭证包括原始凭证和记账凭证，其中以审阅原始凭证为重点。在审阅原始凭证时，应注意：原始凭证所反映的经济业务是否符合国家的方针、政策、法令、制度，其内容是否合法、合理；原始凭证的格式是否规范，开具凭证的单位是否经过统一的工商登记和税务登记，开具凭证的单位名称和地址是否注明，凭证的编号是否连续，是否具有单位的公章和经手人的签章；原始凭证的项目，包括抬头人名称、日期、数量、单价、金额等是否填写齐全，数字计算是否正确，字迹有无涂改。在审阅记账凭证时，应注意：记账凭证上所注明的附件张数是否与所附原始凭证张数相符，记账凭证的内容是否与原始凭证相符；记账凭证的填制手续是否完备，有无制证人、复核人和主管人员的签章；记账凭证上所编制的分录，其应用的账户和账户对应关系是否正确。

（2）会计账簿的审阅。会计账簿包括总账、明细账、日记账和各种辅助账簿等。其中，以审阅明细账和日记账为重点。总账具有与明细账、日记账核对的作用，单独对其审阅一般发现不了问题。因为总账的登记依据主要是各种记账凭证汇总表，它所反映的是汇总数字，不容易据此发现问题。在审阅会计账簿时，应注意：各种明细账与总账有关账户的记录是否相符，有无重登和漏登情况；账簿记录是否符合记账规则，有无涂改和刮擦等情况，若账簿登记错误，是否按规定的错误更正办法进行更正；更换账页或启用新账簿时，应特别注意承上启下的数字是否一致；根据摘要内容，审阅账簿所登记的经济业务是否正常，如有疑问，应进一步核对凭证，对于那些容易发生问题的账户，如应付账款、应收账款等，审阅时应特别予以注意。

（3）会计报表的审阅。审阅会计报表时，应以审阅资产负债表、利润表、现金流量表等为重点。在审阅会计报表时，应注意：会计报表中应填写的项目，是否填写齐全，有无遗漏，有关项目的对应关系是否正确，特别是审阅资产负债表时，应注意资产总额与负债及所有者权益总额是否平衡，资产与负债各项目之间的对应关系是否正常等；会计报表的编制手续是否完备，有无编表人和审核人等的签字盖章；报表中的合计数、总计数等计算是否准确，应填列的数据有无漏填、漏列或伪造；会计报表的附注和说明也应予以审阅，因为附注是报表有关项目的补充说明，不可忽略。

（4）其他记录的审阅。其他记录虽然不是会计资料的重要组成部分，但有时也可从中发现一些问题作为审计线索，例如产品出厂证、质量检验记录，以及合同、协议等。

2. 会计记录的核对

审计人员还要对账表、账账、账证和账实进行相互之间的核对。通过核对证实双方记录是否相符，账实是否一致。如果发现有不符情况，应进一步采用其他审计方法进行跟踪审计。应核对的内容具体有以下四个方面。

（1）账表核对。这是指将报表项目与有关账簿记录进行核对，以查证报表指标的真实性和正确性。核对时，一般用账簿记录核对报表项目。但在采用逆查法的情况下则相反，应以报表项目来核对账簿记录。核对账表，主要核对报表金额是否与总账和明细账有关账户的金额相符，以及不同报表之间的有关金额是否相符。如果不符，则应用其他方法查找原因。

（2）账账核对。这是指将各种有关的账簿记录进行相互核对。如总账与明细账、日记账之间的核对。通过账账核对，查证双方记录是否一致；若不一致，则应进一步抽查凭证，进行凭证核对。对有些账簿记录，也应进行核对。如核对总账各账户的借方余额合计与贷方余额合计是否相等。如果不符，说明登账有错误，应进一步进行账证核对。

（3）账证核对。这是指将明细账和日记账的记录同记账凭证相核对。通过核对，证明所有凭证是否都已记入有关账簿，有无重记或漏记情况，以及账簿记录的内容、金额等是否与其作为记账依据的记账凭证相一致。一般来说，账账核对结果若为正常，可以不再进行账证核对。

（4）账实核对。这是指将明细账记录与实物相核对，以查明账存数与实存数是否相符；如果不符，应以实存数为准调整账面记录。核对时，可以由两人配合进行，即由一人读账，另一人对账，这样可以发现重登、漏登和差错等情况。对于已经核对无误的账目，审计人员应在原记录的右方做一定的标记，以免以后重复核对。对于核对不符的账目也应做标记，以便今后原审计人员或其他接替人员进一步加以审查。

通过核对，找出差错并分析其产生的原因：是工作不小心无意造成的，还是有意地弄虚作假，进行违法活动。对于后者，审计人员还应进一步采用其他审计方法进行查证核实。

（二）监盘

监盘是审计人员现场监督被审计单位各种实物资产及现金、有价证券等的盘点，并进行适当的抽查。对资产进行盘点是验证账实是否相符的一种重要方法。

盘点的方式有突击盘点和通知盘点。前者一般适用于现金、有价证券和贵重物品等的盘点，后者适用于固定资产、在产品、产成品和其他财产物资等的盘点。盘点对象如果散放在几个地方，应同时进行盘点，以防被审计单位有足够的时间移东补西。对已经清点的对象应做好标记，以免重复盘点。

一般来说，盘点工作应由被审计单位进行，审计人员进行现场监督。对于重要项目，审计人员还应进行抽查。但抽查时必须有原经管人在场，并做好抽查记录。盘点结束，审计人员应会同被审计单位有关人员编制盘点清单，并根据盘点的溢缺数调整账面记录。盘点清单可作为审计报告的附件。审计人员监盘实物资产时，应对其质量及所有权予以关注。

（三）查询及函证

查询是审计人员对有关人员进行的书面或口头询问。函证是审计人员为印证被审计单位会计记录所载事项而向第三者发函询证。如果没有回函或审计人员对回函结果不满意，审计人员应实施替代审计程序，以获取必要的审计证据。

（四）重新计算

重新计算是审计人员对被审计单位原始凭证及会计记录中的数据进行的验算或另行计算。审计人员在审计过程中往往需要对凭证、账簿和报表的数字重新计算，以验证其是否准确无误。计算工作虽较机械、烦琐，但意义重大，不可轻视它的作用，因为数字计算错误或故意歪曲计算结果，将会对会计资料的正确性产生重大影响。

重新计算的内容包括会计凭证中的小计和合计数，会计账簿中的小计、合计和余额数，会计报表中的合计、总计数，以及有关计算公式的运用结果等。必须重算账簿中的承前和续后的合计数，以防记录人员假造数字进行舞弊。

（五）重新执行

重新执行是指审计人员以人工方式或使用计算机辅助审计技术，重新独立执行作为被审计单位内部控制组成部分的程序或控制。实施重新执行可以验证被审计单位的内部控制的有效性，获取内部控制是否有效的审计证据。

（六）分析性复核程序

分析性复核程序是审计人员对被审计单位重要的比率或趋势进行分析，包括调查异常变动，以及这些重要比率或趋势与预期数额相关信息的差异。一般而言，在整个审计过程中，审计人员都将运用分析性复核的方法。对于异常变动项目，审计人员应重新考虑其所采用的审计程序是否恰当，必要时应当追加审计程序，以获得必要的审计证据。一般来说，分析性程序常用的方法有绝对数的比较分析和相对数的比较分析。

1. 绝对数的比较分析

绝对数的比较分析，是通过某一会计报表项目与其既定标准的比较，判断二者产生差额的程度是否在正常合理范围内，从而获取审计证据的一种方法。绝对数比较分析中的既定标准，可以是本期的计划数、预算数或审计人员的计算结果，也可以是本期的同业标准。在绝对数的比较分析中，若发现可疑之处，则应扩大审查范围，证实是否存在差错或舞弊现象。

2. 相对数的比较分析

相对数的比较分析，是通过对会计报表中的某一项目同与其相关的另一项目相比所得的值与既定的标准进行比较分析，来获取审计证据的一种方法。相对数的比较分析通常主要是对被审计单位一些财务比率指标进行比较分析，如流动比率、速动比率、应收账款周转率、净资产利润率等。审计人员应结合被审计单位所处的行业背景、生产规模和经济环境等具体因素，判断所得的各项比率指标是否异常，并分析产生异常的原因，决定是否有扩大相应审查范围的必要。

需要指出的是，各种审计方法都有其适用范围和特定目的。但在审计实践中，它们又是互相配合使用的。也就是说，选用审计方法应因事、因时、因地而异，不能机械地只使用某一种审计方法。例如，在采用技术方法中的监盘时，应该针对财产物资的类别来考虑结合使用哪一种审计方法。如对于贵重物品的盘点，为了保证抓住重点，不发生漏盘，应该结合运用一般方法中的详查法。但对于大堆散放的砂石料，实行全面盘点有困难，同时，为了节省人力和时间，则可使用一般方法中的抽样法。又如一般方法中的逆查法，由于它是先由审阅报表开始，根据报表项目中所发现的问题和疑点，再采用抽样法做进一步审查，所以逆查法一般是与抽样法结合使用的。但当在抽查中发现重大问题，应扩大审查的范围时，则应采用详查法。

第五节 内部控制制度及其评审

一、内部控制要素

内部控制制度是 20 世纪 80 年代初从国外引进的一种综合性管理制度。经过几十年的发展，内部控制制度已广泛运用于企事业单位和各级政府的管理工作中，在企业经济的发展过程中产生了十分深远的影响，对世界经济的发展也起到了积极的促进作用。

所谓内部控制制度，也称内部控制系统，是指在一个单位中，为了保证生产、经营方针的贯彻执行和提高经济效益，保证资产的安全、完整和会计资料的正确、可靠，而对内部的生产经营、财务收支和财产管理等进行的一系列自我调整、制约和控制的方法、措施和程序。

内部控制制度是现代企业管理的重要内容。健全和完善内部控制系统对于提高企业管理水平和经济效益具有十分重要的作用。内部控制制度的作用体现在：第一，保护财产物资的安全完整；第二，提高会计记录和其他经济资料的正确性和可靠性；第三，促使企业贯彻方针政策，遵守财经纪律；第四，为审计工作提供良好的基础。总之，内部控制制度既是被审计单位对其经济活动进行组织、制约、考核的重要工具，也是审计人员据以确定审计程序的重要依据。在审计的发展过程中，对内部控制的重视和信赖，加速了现代审计的变革，节约了审计时间和审计费用，同时扩大了审计领域，完善了审计职能。

内部控制要素是指内部控制制度的构成要素。《中国注册会计师审计准则第1211号——重大错报风险的识别和评估》认为，内部控制包括下列要素：内部环境（控制环境）、风险评估、内部监督、信息与沟通（信息系统与沟通）和控制活动。下面对这五项要素进行简要说明。

第一，内部环境。内部环境主要包括治理结构、组织机构设置与权责分配、企业文化、人力资源政策、内部审计机构设置、反舞弊机制等。

第二，风险评估。风险评估是指及时识别、科学分析和评价影响企业内部控制目标实现的各种不确定因素并采取应对策略的过程，是实施内部控制的重要环节。风险评估主要包括风险目标设定、风险识别、风险分析和风险应对。

第三，内部监督。内部监督是指企业对其内部控制的健全性、合理性和有效性进行监督检查与评估，形成书面报告并作出相应处理的过程，是实施内部控制的重要保证。内部监督分为持续性的日常监督和专项监督。

第四，信息与沟通。信息与沟通是指及时、准确、完整地收集与企业经营管理相关的各种信息，并使这些信息以适当的方式在企业有关层级之间进行及时传递、有效沟通和正确应用的过程，是实施内部控制的重要条件。

第五，控制活动。控制活动是指企业根据风险评估结果，采用相应的控制措施，将风险控制在可承受范围和程度之内的过程，是实施内部控制的具体方式方法和手段。控制措施主要包括职责分工控制、授权控制、审核批准控制、预算控制、财产保护控制、会计系统控制、内部报告控制、经济活动分析控制、绩效考评控制、信息技术控制等。

二、内部控制的种类

按照内部控制系统的内容，可以将内部控制分为内部会计控制和内部管理控制两类。

（一）内部会计控制

内部会计控制是指单位为了提高会计信息质量，保护资产的安全、完整，确保有关法律、法规和规章制度的贯彻执行等而制定和实施的一系列控制方法、措施和程序。

内部会计控制的这一概念包含两个重点：一是内部会计控制的目标，即"提高会计信息质量，保护资产的安全、完整，确保有关法律、法规和规章制度的贯彻执行"；二是内部会计控制的实质，虽然内部会计控制称为"制度"，但并不是某一项单一的制度，而是"一系列控制方法、措施和程序"，即一种综合性的控制监督制度。

内部会计控制的内容主要包括对外投资、工程项目、货币资金、实物资产、采购与付款、筹资、销售与收款、成本费用、担保等经济业务的会计控制。

（二）内部管理控制

内部管理控制是指单位为了实现经营目标，保证经济活动的经济性、效率性和效果性，确保有关法律、法规和经营决策的贯彻执行等而制定和实施的一系列控制方法、措施和程序。例如，企业的内部人事管理、技术管理、市场管理、质量管理等，就属于内部管理控制。内部管理控制由组织的计划和主要与经营效率及坚持经营政策相关，通常只与财务记录间接相关的所有方法和程序组成，一般包括统计分析、工时和操作的研究、业绩报告、雇员的培训计划和质量控制等控制手段。

一般来说，内部会计控制和内部管理控制两者之间是有区别的，关键在于控制是否有助于保护资产安全和提高会计记录的可靠性。如果是，应归入会计控制；如果不是，则属于管理控制。两者之间也有紧密的联系。例如，实行售价金额核算的零售企业，首先必须建立实物负责制，明确责任范围，指定实物负责人等，这是管理控制；但同时库存商品又要以实物负责小组为单位进行明细核算，这涉及资产的安全、完整，又是会计控制。因此，不能把内部会计控制和内部管理控制看作互不相干的两类控制，两者之间相互关联、相互渗透，从一定意义上说，这两类控制是一个密切结合的整体。

三、内部控制制度评审的步骤

（一）内部控制制度评审的定义

评审内部控制制度是现代审计的基础。为了适应现代经济发展的需要，审计工作者进行了一系列的探索。在审计实践工作中，他们逐渐发现这样一个规律：任何单位的经济活动，凡是内部控制良好的，业务处理的正确程度就较高，错弊情况就较少；凡是内部控制不健全或缺乏相互制约的，业务处理的正确程度就较低，错弊情况就较多。在这个基础上，经过进一步的实践与探索，就建立起了以评审内部控制系统为基础的抽查审计方法，简称内部控制系统审计或制度基础审计。

因此，现代审计一般首先进行内部控制制度的评审，然后再根据评审结果确定审计范围、审计重点和审计方法等。评审后，对于内部控制良好的，可只作一般性检查，具体可采用抽查法；对于内部控制薄弱的，则列入审计范围，并作为审计重点，在具体的审计方法上，则采用详查法或扩大抽查的范围，以取得可靠的、足够的审计证据。显然，通过内部控制制度评审，就能抓住审计工作的重点，进而保证审计工作的效率，节约审计时间和审计经费。

综上所述，内部控制制度评审也称为内部控制系统审计，它是针对被审计单位内部控制制度的健全性和有效性进行的专项审查评价活动。评审内部控制制度是现代审计的基础，它对于提高审计工作效率、保证审计工作质量具有十分重要的意义。内部控制制度评审是现代审计的重要发展。

（二）内部控制制度评审的步骤

一般来说，内部控制制度评审主要包括以下四个工作步骤。

1. 了解并描述内部控制制度

评审内部控制制度，首先应了解内部控制制度。一般来说，任何一个单位，无论规模大小和生产经营特点如何，其内部总是有一定的内部控制制度，存在的差异主要表现为内部控制制度健全性、有效性的程度。

了解内部控制制度应做好两项工作。第一，收集资料和进行初步调查。收集资料是指收集有关内部控制制度的文件、管理制度、规章制度、图表、规程等书面的或尚未成文的规定。通过收集资料，就可以初步了解一个单位是否建立了必要的内部控制制度，其岗位设置与职责分工是否符合内部控制的原则等。如果发现内部控制制度中还有不清楚或界限模糊的地方，就应向有关部门和有关人员进行调查。收集资料与初步调查可以分开进行，也可以结合进行。第二，描述内部控制制度。通过收集资料和初步调查，审计人员对一个单位的内部控制制度状况就有了一个大概了解。为了满足进一步评审的需要，应当用一定的方法将其如实地记录下来，这一过程在内部控制制度审计中即称为描述内部控制制度。

2. 实地测试内部控制制度

通过收集资料和了解、描述内部控制制度，审计人员对一个单位的内部控制系统的基本情况已初步掌握。但内部控制系统是否有效，仅靠书面资料或初步的调查是难以作出判断的。因此，要对内部控制系统进行实地测试，以对其有效性作出判断。

3. 评价内部控制制度

评价内部控制制度，就是针对被审计单位内部控制系统的健全性和有效性进行综合评价，并提出评价意见。评价内部控制系统应具备两个条件：一是了解被审计单位内部控制系统的基本情况，二是制定内部控制系统评价的标准。只有根据被审计单位内部控制系统的基本情况，对照内部控制系统评价的标准，才能对被审计单位内部控制是否健全、有效提出评价意见。

4. 报告内部控制制度

评价内部控制制度后，就已基本形成对内部控制制度的审计意见，这是审计报告的主要内容。审计报告还包括另外两个方面的内容。一是关于改进管理的建议。例如评价内部控制制度时，发现应有的控制点不健全或有章不循，造成一些差错、弊端，就应针对这些问题向被审计单位提出改进管理的建议。二是关于进一步审计的范围、重点和方法的意见。目前，我国对内部控制制度审计已足够重视。审计人员可以单独进行内部控制制度审计，也可以将内部控制制度审计与财务报表审计整合进行，即整合审计。在整合审计中，审计人员应当对内部控制制度设计与运行的有效性进行测试，获取充分、适当的证据，以同时实现两个目标：一是支持审计人员在内部控制制度审计中对内部控制有效性发表的意见，二是支持审计人员在财务报表审计中对控制风险的评估结果。

四、内部控制制度评审的方法

（一）实地测试内部控制制度的方法

1. 抽查有关资料进行实地测试

这种方法是针对所要审查的某一内部控制系统，抽取一部分资料进行审查，看其对经济业务的处理是否符合内部控制系统的原则。例如，对材料购入系统进行审查，就要抽查收货单、付款凭证和供应商的销货发票，通过对这些资料进行审查，检查材料购入业务是否由不同的部门分别完成，凭证设置是否健全、是否按规定程序传递等。

抽查资料的具体方法，主要选用判断抽样法或属性抽样法。

判断抽样法是审计人员根据自己的实践经验和判断能力有重点地从总体中抽取样本，并以此对总体进行推断的一种审计抽样方法。判断抽样是从任意抽样发展而来的。随着审计理论和实务的发展，审计人员根据在任意抽样中得到的经验和教训，逐步认识到审计质量的高低与审计人员的实践经验和判断能力密切相关，如果审计人员经验丰富、判断准确，有重点地从总体中抽取样本进行审查，则总体中的某些特性有可能会更好地显露出来，从而使审计工作收到事半功倍之效。

属性抽样法是一种用来推断总体中具有某一特征的项目所占比例的统计抽样方法。在控制测试中，审计人员要对内部控制是否健全、执行是否有效作出判断，其推断的依据正是所欲测试的总体中内部控制不健全或没有被有效执行的例外情况的发生率。属性抽样法满足了这一需求，将重点放在了对被审计对象总体的质量特征进行定性评价之上，因此比较适用于内部控制中凭证的处理、工资的计算、存货计价、折旧计算等业务的测试。

2. 实地观察

实地观察就是深入现场，根据前述经济业务的传递程序，到各个环节进行实地观察、验证。例如前面列举的材料采购业务，就应分别到业务（或采购计划）部门、仓储部门、财务部门进行观察。对关键环节尤其要注意观察和验证，如对于仓储部门的验收环节，就应检查在验收材料数量时，是否经过计量、检斤或验尺，以保证数量真实；在验收质量时，应检查是否经过物理性能或化学成分等的检验，以保证质量。

（二）评价内部控制制度的标准

内部控制制度的评价标准，过去是根据审计人员的经验确定的。近年来，控制模型，或称为理想的内部控制模式，常被用来作为判断内部控制制度是否健全的标准。

控制模型是有关部门或审计人员，根据大量的实际工作经验和内部控制系统的原则设计出来的行之有效的控制模式。控制模型依照不同的生产经营类型和不同的业务系统分别设计，其一般都用调查表、流程图表示或用文字说明，上面注明业务程序、控制环节，并着重标注控制点和关键控制点。因此，按照控制模型建立内部控制制度，并严格遵照执行，就能保证资产的安全、完整和提高经营效率；用控制模型对照被审计单位的实际内部控制系统，也能判断其是否健全、有效。

设计控制模型，首先要坚持合理分工与权力制衡的原则，即坚持不相容职务相互分离控制。这一控制的核心内容是合理设置会计及相关工作岗位，明确职责权限，形成相互制衡机制。其次是抓住业务过程中的关键控制环节，即通常说的控制点和关键控制点。

第三章

审计实务

财务审计管理是企业财务管理的重要组成部分,也是保证财务管理工作的基础,合理使用会计、审计能够有效地提升企业财务管理的质量和水平。本章在介绍了审计方面的基本理论知识的基础上,对财务的审计实务进行阐述,包括销售与收款循环审计、采购与付款循环审计、生产与存货循环审计和货币资金审计等方面。

第一节 销售与收款循环审计

一、销售与收款循环概述

（一）销售与收款循环的主要业务活动

销售与收款业务由接受顾客订单开始,经审批赊销信用、按销售单供货、按销售单装运货物、向顾客开具账单、记录销售、办理和记录现金及银行存款收入、办理和记录销售退回及销售折扣与折让、计提坏账准备、注销坏账等业务,最终转化为货币而结束。

1. 接受顾客订单

顾客提出订货要求是整个销售与收款循环的起点。对于企业而言,管理层一般均列出了已批准销售的顾客名单。顾客的订购单只有在符合企业管理层的授权标准时，才能被接受。销售部门在决定是否同意接受某顾客的订单时，应将已批准销售的顾客名单作为依据。如果该顾客未被列入，则需要由销售部门的主管或其上级领导来决定是否同意销售。

企业在批准了顾客订单之后，应编制一式多联的销售单。销售单是证明销售业务的"发生"认定的凭证之一，也是销售业务交易轨迹的起点。

2. 审批赊销信用

为避免销售人员为扩大销售而使企业承受不适当的信用风险，赊销审批不能由销售部门执行，应设立专门的信用管理部门来履行此职责。信用管理部门根据管理层的赊销政策在每个顾客已授权信用额度内进行赊销批准。收到销售部门的销售单后，将销售单与该顾客信用额度以及欠款余额加以比较。在信用额度之内的，由系统自动审批或由员工审批；超过信用额度的，由信用管理部门主管会同其他部门负责人集体决策审批。

无论批准赊销与否，信用管理部门的授权人员都要在销售单上签署意见，然后再将已签署意见的销售单送回销售部门。信用批准控制能有效降低坏账风险，与应收账款账面余额的"计价和分摊"认定有关。

3. 按销售单供货

仓库只有在收到经过批准的销售单时才能供货，并将销售单和实物一起交给发运部门。设立这项控制的目的是防止仓库在未经授权的情况下擅自发货。因此，已批准的销售单的一联通常用于送达仓库，作为按销售单供货和向装运部门发货的依据。

4. 按销售单装运货物

将按经批准的销售单供货与按销售单装运货物的职责相分离，有助于避免负责装运货物的职员在未经授权的情况下私自装运。在装运之前，装运部门职员进行独立验证，确定从仓库提取的商品附有经批准的销售单，所提取商品的内容与销售单一致。

装运凭证是指一式多联的、连续编号的提货单，可由计算机或人工编制。按序归档的装运凭证通常由装运部门保管。装运凭证提供了商品确实已装运的证据，因此它是证实销售交易"发生"认定的另一种形式的凭证。定期检查以确定在编制的每张装运凭证后均已附有相应的销售发票，有助于保证销售交易"完整性"认定的正确性。

5. 向顾客开具账单

开具账单包括编制和向顾客寄送事先连续编号的销售发票。这项功能所针对的主要问题是：是否对所有装运的货物都开具了账单（"完整性"认定问题）；是否只对实际装运的货物开具账单，有无重复开具账单或虚构交易（"发生"认定问题）；是否按已授权批准的商品价目表所列价格计价开具账单（"准确性"认定问题）。

6. 记录销售

记录销售的过程包括区分赊销、现销，按销售发票编制转账记账凭证或现金、银行存款收款凭证，再据以登记销售明细账和应收账款明细账或库存现金、银行存款日记账。

必须且只能依据附有有效装运凭证和销售单的销售发票记录销售。装运凭证和销售单能证明销售交易的发生及发生的日期。记录销售的职责应与处理销售交易的其他功能相分离。对记录过程中所涉及的有关记录的接触予以限制，以减少未经授权批准的记录发生。定期向顾客寄送对账单，要求顾客将任何例外情况直接向指定的未执行或记录销售交易的会计主管报告。

7. 办理和记录现金及银行存款收入

在办理和记录现金及银行存款收入时，最应关心的是货币资金的安全问题。在这方面，汇款通知书起着很重要的作用。采用汇款通知书能使现金立即存入银行，可以提高对资产保管的控制。汇款通知书应注明客户的姓名、销售发票号码、销售单位开户银行账号以及金额等内容。汇款通知书与销售发票一起寄给顾客，由顾客在付款时再寄回销售单位。

8. 办理和记录销售退回及销售折扣与折让

顾客如果对商品不满意，销售企业一般都会同意接受退货，或者给予一定的销售折让；顾客如果提前支付货款，销售企业则可能会给予一定的销售折扣。

发生折扣与折让须经授权批准，确保与办理此事有关的部门和职员各司其职，分别控制实物流动和会计处理。

折扣与折让不是财务报表项目，它的漏记会导致财务报表相关项目违反"准确性"或"计价和分摊"认定，而非主营业务收入的"发生"认定。在这方面，严格使用贷项通知单无疑会起到关键的作用。贷项通知单是一种用来表示由于销售退回或经批准的折让而引起的应收销货款减少的凭证。这种凭证的格式通常与销售发票的格式相同，只不过它不是用来证明应收账款的增加，而是用来证明应收账款的减少。

9. 计提坏账准备

坏账准备提取的数额必须能够抵补企业以后无法收回的销货款。

10. 注销坏账

当某项货款无法收回时，就必须注销这笔货款。坏账审批表是一种用来批准将某些应收款项注销为坏账，仅在企业内部使用的凭证。注销坏账的处理方法是获取货款无法收回的确凿证据，经管理当局审批后，及时进行相应的会计处理。已冲销的应收账款应登记在备查簿中，加以控制，以防已冲销的应收账款后期又收回时被相关人员贪污。如果欠款方仍在，应继续追款。

（二）销售与收款循环的主要凭证和会计记录

1. 顾客订购单

顾客订购单是顾客提出的书面购货要求。企业可以通过销售人员或其他途径，如采用电话、信函和向现有的及潜在的顾客发送订购单等方式接受订货，取得顾客订购单。顾客订购单作为一种外部证据，是一项销售交易发生的起点，是"发生"认定的证据。

2. 销售单

销售单是企业处理客户订购单的内部凭据，列出所订商品的名称、规格、数量及其他有关信息，全程反映销售交易的轨迹。赊销审批、出库、发货、开票、记账都与其相关。

3. 发运凭证

发运凭证是在发运货物时编制的凭据，用以反映发出商品的规格、数量和其他有关信息内容。发运凭证的一联给顾客，其余由企业保留，可用作向顾客开具账单的依据。

4. 销售发票

销售发票用来表明已销售商品的名称、规格、数量、价格、销售金额、运费和保险费、开票日期、付款条件等内容。以增值税发票为例，销售发票的抵扣联和记账联，一联寄送顾客，其他联由企业保留。

5. 商品价目表

商品价目表是已经授权批准的、可供销售的各种商品的价格清单。商品价目表是开具销售发票的依据。销售发票的单价要与商品价目表一致，数量要与发运凭证一致。

6. 应收账款账龄分析表

应收账款账龄分析表一般按月编制，反映月末尚未收回的应收账款总额和账龄，并详细反映每个顾客月末尚未偿还的应收账款数额和账龄。

7. 应收账款明细账

应收账款明细账是用来记录每个顾客各项赊销、还款、销售退回及折让的明细账。各应收账款明细账的余额合计数应与应收账款总账的余额相等。

8. 主营业务收入明细账

主营业务收入明细账是记录销售交易的明细账，记载和反映不同类别商品或服务的营业收入的明细发生情况和总额。

9. 折扣与折让明细账

企业可能为提早收回销售货款而给予客户销售折扣，也可能因商品品种、质量等原因而给予客户销售折让。折扣与折让明细账反映折扣和折让的情况。企业也可以不设置折扣与折让明细账，而将该类业务记录于主营业务收入明细账。

10. 贷项通知单

贷项通知单是一种用来表示由于销售退回或经批准的折让而引起的应收销货款减少的凭证。其格式与销售发票相同。

11. 汇款通知书

汇款通知书是注明顾客姓名、销售发票号码、销售单位开户银行账号以及金额等内容，与销售发票一起寄给顾客，由顾客在付款时寄回销售单位的凭证。如顾客没有将汇款通知书随同货款一并寄回，一般应由收受邮件的人员在开拆邮件时再代编一份汇款通知书。

12. 库存现金日记账和银行存款日记账

库存现金日记账和银行存款日记账是记录应收账款的收回或现销收入，以及其他各种现金、银行存款收入与支出的日记账。

13. 坏账审批表

坏账审批表是一种用来批准将应收款项注销为坏账，仅在企业内部使用的凭证。

14. 顾客月末对账单

顾客月末对账单是一种按月寄送给客户，用于购销双方定期核对账目的凭证。顾客月末对账单应注明应收账款的月初余额、本月各项销售交易的金额、本月已收到的货款、各贷项通知单的数额以及月末余额等内容。

15. 转账凭证和收款凭证

销售与收款循环的记账凭证一般有转账凭证和收款凭证。转账凭证是指根据转账业务（不涉及现金、银行存款收付的各项业务）原始凭证编制的记账凭证，收款凭证是指用来记录现金和银行存款收入业务的记账凭证。

二、销售与收款循环的内部控制

（一）销售交易的内部控制

1. 适当的职责分离

适当的职责分离有助于防止各种有意或无意的错误。企业有关销售与收款业务相关职责适当分离的基本要求通常包括以下几点。

（1）企业应当将办理销售、发货、收款三项业务的部门（或岗位）分别设立。

（2）企业在订立销售合同前，应指定专门人员就销售价格、信用政策、发货及收款方式等具体事项与顾客进行谈判，且谈判人员至少两人，并与订立合同的人员相分离。

（3）编制销售发票通知单的人员与开具销售发票的人员应相互分离。

（4）销售人员应当避免接触销货现款。

（5）企业应收票据的取得和贴现必须经由保管票据以外的主管人员的书面批准。

2. 恰当的授权审批

企业应当关注以下四个关键点上的审批程序。

（1）在销售发生之前，赊销已经正确审批。

（2）非经正当审批，不得发出货物。

（3）销售价格、销售条件、运费、折扣等必须经过审批。

（4）审批人应当根据销售与收款授权批准制度的规定，在授权范围内进行审批，不得超越审批权限。对于超过企业既定销售政策和信用政策规定范围的特殊销售交易，企业应当进行集体决策。

前两项控制的目的在于防止企业因向虚构的或者无力支付货款的顾客发货而蒙受损失，价格审批控制的目的在于保证销售交易按照企业定价政策规定的价格开票、收款，对授权审批范围设定权限的目的则在于防止因审批人决策失误而造成严重损失。

3. 充分的凭证和记录

每个企业交易的产生、处理和记录等制度都有其特点，因此也许很难评价其各项控制是否足以发挥最大的作用。然而，只有具备充分的记录手续，才有可能实现其他各项控制目标。

4. 凭证的预先编号

对凭证进行预先编号，既可以防止销售以后遗漏向顾客开具账单或登记入账，也可防止重复开具账单或重复记账。在具体操作中，可由收款员对每笔销售开具账单后，将发运凭证按顺序归档；再由另一位职员定期检查全部凭证的编号，并调查凭证缺号的原因。

5. 按月寄出对账单

由不负责现金出纳和销售及应收账款记账的人员按月向顾客寄发对账单，能促使顾客在发现应付账款余额不正确后及时反馈有关信息。为了使这项控制更加有效，企业最好将账户余额中出现的所有核对不符的账项，指定一位既不掌管货币资金也不记录主营业务收入和应收账款的主管人员处理，然后由独立人员按月编制对账情况，汇总报告并提交管理层审阅。

6. 内部核查程序

内部审计人员或其他独立人员核查销售交易的处理和记录，是实现内部控制目标所不可缺少的一项控制措施。

（二）收款交易的内部控制

每个企业的性质、所处行业、规模以及内部控制健全程度等不同，使得其与收款交易相关的内部控制内容有所不同，通常应当共同遵循以下与收款交易相关的内部控制。

第一，企业应当按照《现金管理暂行条例》《支付结算办法》等规定，及时办理销售收款业务。

第二，企业应将销售收入及时入账，不得账外设账，不得擅自收支现金。销售人员应当避免接触销售现款。

第三，企业应当建立应收账款账龄分析制度和逾期应收账款催收制度。销售部门应当负责应收账款的催收，财会部门应当督促销售部门加紧催收。对催收无效的逾期应收账款可通过法律程序予以解决。

第四，企业应当按客户设置应收账款台账，及时登记每一个顾客应收账款余额增减变动情况和信用额度使用情况。对长期往来顾客应当建立起完善的顾客资料，并对顾客资料实行动态管理，且及时更新。

第五，企业对于可能成为坏账的应收账款应当报告有关决策机构，由其进行审查，确定是否确认为坏账。企业发生的各项坏账，应查明原因、明确责任，并在履行规定的审批程序后作出会计处理。

第六，企业注销的坏账应当进行备查登记，做到账销案存。已注销的坏账又收回时，应当及时入账，防止形成账外资金。

第七，企业应收票据的取得和贴现必须经由保管票据以外的主管人员的书面批准。应有专人保管应收票据，对于即将到期的应收票据，应及时向付款人提示付款；已贴现票据应在备查簿中登记，以便日后追踪管理；并应制定逾期票据的冲销管理制度和逾期票据追踪监控制度。

第八，企业应当定期与往来顾客通过函证等方式核对应收账款、应收票据、预收款项等往来款项。如有不符，应查明原因并及时处理。

（三）销售与收款循环的控制测试

如果在评估认定层次重大错报风险时预期控制的运行是有效的，审计组织应当实施控制测试，就控制在相关期间或时点的运行有效性获取充分、适当的审计证据。这意味着审计组织无须测试针对销售与收款交易的所有控制活动，只有认为控制设计合理、能够防止或发现并纠正认定层次的重大错报，审计组织才有必要对控制运行的有效性实施测试。

控制测试所使用的审计程序的类型主要包括询问、观察、检查、重新执行和穿行测试等，审计组织应当根据特定控制的性质选择所需实施审计程序的类型。销售与收款循环的控制测试包括以下几个内容。

1. 抽查销售发票

审计组织在执行控制测试时，可以抽取一定数量的销售发票，做如下检查。

第一，检查发票是否连续编号，作废发票的处理是否正确。

第二，核对销售发票与销售通知单、发货单（或提货单）所载明的品名、规格、数量、价格是否一致。

第三，检查销售通知单上是否有负责信用核准人员的签字。

第四，复核销售发票中所列的数量、单价和金额是否正确。

第五，从销售发票追查至有关的记账凭证、应收账款明细账及主营业务收入明细账，确定企业是否正确、及时地登记有关凭证和账簿。

2. 检查销售调整业务的相关凭证

抽取一定数量的销售调整业务的会计凭证，检查销售退回、折扣、折让的核准与会计核算。具体内容包括以下几点。

第一，确定销售退回与折让的批准和贷项通知单的签发职责是否分离。

第二，确定现金折扣是否经过适当授权，授权人和收款人的职责是否分离。

第三，检查销售退回和折让是否附有按顺序编号并经主管人员核准的贷项通知单。

第四，检查退回的商品是否具有仓库签发的退货验收报告（或入库单），并将验收报告的数量、金额与贷项通知单等进行核对。

第五，确定退货、折扣、折让的会计记录是否正确。

3. 抽查应收账款的相关记录

抽取一定数量的记账凭证和应收账款明细账，做如下检查。

第一，从应收账款明细账中抽取一定的记录并与相应的记账凭证进行核对，比较二者登记的时间和金额是否一致。

第二，从应收账款明细账中抽查一定数量的坏账注销业务，并与相应的记账凭证和原始凭证进行核对，确定坏账的注销是否合乎有关法规规定，企业主管人员是否核准等。

第三，确定企业是否定期与顾客对账，在可能的情况下，将企业一定期间的对账单与相应的应收账款明细账的余额进行核对，如有差异，应进行追查。

4. 观察

观察职员获得或接触资产、凭证和记录（包括存货、销售通知单、发货单、销售发票凭证和账簿、现金和支票等）的途径，并观察职员在执行授权、发货、开票等职责时的表现，确定企业是否存在必要的职务分离，内部控制的执行过程中是否存在弊端。

5. 评价内部控制

在对顾客的内部控制制度进行必要的了解和测试之后，审计人员应当对其控制风险作出评价，并考虑是否需要调整对重大错报风险的评估水平，进而对实质性程序的内容作出相应的调整。同时，对测试过程中发现的问题，应当在工作底稿中进行记录，并以适当的形式告知被审计单位的管理层。

三、主营业务收入的审计目标与实质性程序

（一）主营业务收入的审计目标

主营业务收入的审计目标主要有：确定本期已入账的主营业务收入是否已真实发生；确定所有应当记录的主营业务收入是否均已记录；确定与主营业务收入有关的金额是否正确，包括对销售退回、销售折扣与折让的处理是否恰当；确定主营业务收入是否已记录于正确的会计期间；确定主营业务收入是否已按照企业会计准则的规定在财务报表中进行恰当的列报。

（二）主营业务收入的实质性程序

1. 获取或编制主营业务收入明细表

获取或编制主营业务收入明细表，复核加计是否正确，并与总账数和明细

账合计数核对是否相符，结合其他业务收入科目与报表营业收入核对相符。

2. 检查主营业务收入的确认原则和方法

检查主营业务收入的确认原则和方法是否符合企业会计准则，前后期是否一致；关注周期性、偶然性的收入是否符合既定的收入确认原则和方法。

企业商品销售收入应在下列条件均能满足时再予以确认。

（1）企业已将商品所有权上的主要风险和报酬转移给购货方。

（2）企业既没有保留通常与所有权相联系的继续管理权，也没有对已售出的商品实施有效控制。

（3）收入的金额能够可靠地计量。

（4）相关的经济利益很可能流入企业。

（5）相关的已发生或将发生的成本能够可靠地计量。

因此，对于主营业务收入的实质性程序，应在了解被审计单位确认商品销售收入的会计政策的基础上，重点测试被审计单位是否依据上述五个条件确认商品销售收入。需要注意的是，被审计单位采取的销售方式不同，确认销售的时间、地点也是不同的。

3. 实施实质性分析程序

（1）将本期的主营业务收入与上期的主营业务收入、销售预算或预测数等进行比较，分析主营业务收入及其构成的变动是否异常，并分析异常变动的原因。

（2）比较本期各月各类主营业务收入的波动情况，分析其变动趋势是否正常，是否符合被审计单位季节性、周期性的经营规律，查明异常现象和重大波动的原因。

（3）计算本期重要商品的毛利率，将其预算数据或同行业其他企业进行对比分析，检查是否存在异常，各期之间是否存在重大波动，查明原因。

（4）计算本期对重要客户的销售额及相关产品的毛利率，与上期数额进行比较，分析是否存在异常。

（5）根据增值税发票申报表或普通发票估算全年收入，并与实际收入金额比较。

4. 对本期业务进行一定的检查

（1）获取产品价格目录，抽查售价是否符合价格政策，并注意销售给关联方或关系密切的重要顾客的产品价格是否合理，有无以低价或高价结算的方法相互之间转移利润的现象。

（2）抽查销售业务的原始凭证（发票和发货单等），并追查至相应的记账凭证和明细账，确定销售收入是否真实、销售记录是否完整。

（3）从主营业务收入明细账中挑选若干样本，并与相应的发票、订单、发货单（或提货单）的内容进行核对，验算发票金额的正确性。

5. 函证本期销售额

主营业务收入通常不需要进行函证，可结合对应收账款实施的函证程序，选择主要顾客函证本期销售额。

6. 实施销售的截止测试

对主营业务收入实施截止测试，其目的主要在于确定被审计单位主营业务收入的会计记录归属期是否正确，应记入本期或下期的主营业务收入是否被推延至下期或提前至本期。

在审计中应该把握三个与主营业务收入确认有着密切关系的日期：一是发票开具日期或者收款日期，二是记账日期，三是发货日期。这里的发票开具日期是指开具增值税专用发票或普通发票的日期，记账日期是指被审计单位确认主营业务收入实现并将该笔经济业务记入主营业务收入账户的日期，发货日期是指仓库开具出库单并发出库存商品的日期。检查三者是否归属于同一适当会计期间是主营业务收入截止测试的关键所在。

实施销售的截止测试可以采用以下几种方法。

（1）选取资产负债表日前后若干天一定金额以上的发运凭证，与应收账款和收入明细账进行核对；同时，从应收账款和收入明细账中选取在资产负债表日前后若干天一定金额以上的凭证，与发运凭证核对，以确定销售是否存在跨期现象。前者以发运凭证为起点，后者以账簿记录为起点，是两种常用的截止测试的路线。

（2）复核资产负债表日前后的销售和发货水平，确定业务活动水平是否异常，并考虑是否有必要追加实施截止测试程序。

（3）取得资产负债表日后所有的销售退回记录，检查是否存在提前确认收入的情况。

（4）结合对资产负债表日应收账款的函证程序，检查有无未取得对方认可的大额销售。在截止测试中，如果发现存在跨年度的大额销售项目则应予以调整。

7. 检查特殊的销售处理业务

（1）存在销货退回的，检查相关手续是否符合规定，结合原始销售凭证检查其会计处理是否正确，结合存货项目审计关注其真实性。

（2）存在销售折扣与折让的，应取得被审计单位有关折扣或折让的具体规定和其他文件资料，并抽查较大的折扣与折让发生额的授权批准情况，折扣与折让的会计处理是否正确，销售折扣与折让是否及时、足额地提交给对方，有无虚设中介、转移收入、私设账外"小金库"等情况。

（3）检查有无特殊的销售行为，如附有销售退回条件的商品销售、委托代销、售后回购、以旧换新、商品需要安装和检验的销售、分期收款销售、出口销售、售后租回等，选择恰当的审计程序进行审核。

8. 确定主营业务收入是否在利润表上恰当披露

审计过程中需要确定被审计单位的主营业务收入在利润表的列示是否恰当。同时，需要关注被审计单位是否在财务报表附注中按照企业会计准则的规定进行相关披露。

四、应收账款的审计目标与实质性程序

（一）应收账款的审计目标

应收账款的审计目标主要有：确定应收账款是否存在，确定应收账款是否归被审计单位所有，确定应收账款的记录是否完整，确定应收账款的期末余额是否正确，确定应收账款在财务报表上的披露是否恰当。

（二）应收账款的实质性程序

1. 获取或编制应收账款余额明细表

（1）复核加计是否正确，并与总账数和明细账合计数核对是否相符，结合坏账准备科目与报表数核对是否相符。应当注意，在资产负债表上反映的是应收账款净值。

（2）分析有贷方余额的项目，查明原因，必要时，建议做重分类调整。

（3）结合其他应收款、预收款项等往来项目的明细余额，调查有无同一顾客多处挂账、异常余额或与销售无关的其他款项。如有，应进行记录，必要时提出调整建议。

2. 实施分析程序

在实施分析程序时，应重点关注以下两点。

（1）将应收账款、坏账准备的本期数据与本企业的历史数据及同行业的平均水平进行比较。

（2）进行比率分析，并将本期数据与本企业的历史数据及同行业的平均水平进行比较。若被审计单位的应收账款周转率有所下降，应收账款占流动资产的比重上升，说明应收账款在回收方面存在一定的问题，一方面建议加强对应收账款的管理，另一方面注意坏账准备的计提是否充分。

3. 分析应收账款的账龄及余额构成

审计过程中可以通过编制或索取应收账款账龄分析表来分析应收账款的账龄。一方面，可以测试应收账款账龄分析表计算的准确性；另一方面，可以分析各项应收账款的可收回性，进而判断坏账准备计提的充分性，还可以为确定函证的对象提供依据。

4. 应收账款函证

应收账款函证是指审计过程中直接发询证函给被审计单位的债务人，要求核实被审计单位应收账款记录是否正确的一种审计方法。

函证所获取的证据属于外部证据，具有可靠性较强的特点。通过函证应收账款,可以有效地证明被询证者的存在和被审计单位记录的可靠性。

(1)函证的时间。通常以资产负债表日为截止日,在资产负债表日后适当时间函证。若重大错报风险低,可选择资产负债表日前适当日期为截止日,并对该截止日起至资产负债表日止发生的变动实施实质性程序。

(2)函证的范围和对象。函证的范围即函证的数量取决于三个因素:①应收账款在全部资产中的重要性;②被审计单位内部控制的强弱;③以前期间的函证结果。

函证的对象一般包括但不限于:①大额或账龄较长的项目;②与债务人发生纠纷的项目;③重大关联方项目;④主要顾客项目;⑤交易频繁但期末余额较小甚至余额为零的项目;⑥可能产生重大错报或舞弊的非正常项目。

(3)函证的方式。函证的方式分为积极式函证和消极式函证两种。积极式函证是指要求被询证者直接向审计组织回复,表明是否同意询证函所列示的信息,或填列所要求的信息的一种询证方式。积极式函证主要适用于:个别账户的欠款金额较大,有理由相信欠款可能存在争议、差错或问题。消极式函证是指要求被询证者只有在不同意询证函所列示的信息时才直接向审计组织回复的一种询证方式。积极式函证通常比消极式函证提供的审计证据更具可靠性。审计组织可单独采用积极式或消极式的函证程序,也可以将两种方式结合使用。

审计组织如果将消极式函证作为唯一的实质性程序,以应对评估的认定层次重大错报风险,必须同时满足:审计组织将重大错报风险评估为低水平,并就与认定相关的控制的运行有效性获取充分、适当的审计证据;需要实施消极式函证程序的总体由大量的小额、同质的账户余额、交易或事项构成;预期不符事项的发生率很低;没有迹象表明接收询证函的人员或机构不认真对待函证。

(4)函证的控制。当实施函证程序时,应该通过函证结果汇总表的方式对询证函的收回情况加以控制。当在合理的时间内没有收到询证函回函时,审计组织可以再次发出询证函。例如,重新确认原地址的准确性后,再次发出询证函并予以跟进。如果仍得不到回复,可以通过电话与被审计单位的顾客联系或考虑实施替代程序,并根据替代程序结果判断被审计单位债权的真实性。

(5)不符事项的处理。审计组织应当调查不符事项,以确定是否表明存在错报。询证函回函中指出的不符事项可能显示财务报表存在错报或潜在错报。当识别出错报时，审计组织需要评价该错报是否表明存在舞弊。不符事项可以为审计组织判断来自类似的被询证者回函的质量及类似回函质量提供依据。不符事项还可能显示被审计单位与财务报表相关的内部控制存在缺陷。

另外，某些不符合事项并不表明存在错报。主要表现为：①询证函发出时，债务人已经付款，被审计单位尚未收到；②询证函发出时，被审计单位的货物已经发出并已做销售记录，但货物仍在途中，债务人尚未收到货物；③债务人由于某种原因将货物退回，而被审计单位尚未收到；④债务人对收到的货物的数量、质量及价格等方面有异议而全部或部分拒付货款等。

5. 审查未函证的应收账款

对未发询证函的应收账款，应抽查有关原始凭证，如销售通知单、销售发票等，以验证这些应收账款的真实性和可收回性；如有逾期或其他异常事项，由被审计单位作出合理解释，必要时进行函证。

6. 实施截止测试

结合主营业务收入的审计，在应收账款明细账余额中挑选一定数量的资产负债表日前后的样本，核对应收账款明细账与主营业务收入明细账、库存现金、银行存款日记账及相关原始凭证的金额或数量是否相符，并确定有关业务（销售、收款）是否已被记入恰当的会计期间。在赊销业务中，基本的原则是如果发货单（或提货单）与销售发票的时间属于不同年度，应以发货单（或提货单）上的时间为准来登记相关的应收账款明细账和主营业务收入明细账。

7. 实施所有权测试

复查董事会会议记录、银行确认函、法律信函和其他相关记录，并从管理层获取有关应收账款所有权的陈述，确定企业对其账面记录的应收账款是否具有所有权。

8. 审查本期的收款业务

除了对应收账款的收回进行截止测试以外，对于会计期间内的收款业务也应进行适当的抽查，通过将明细账户的金额与相关的会计凭证（记账凭证、支票、银行本票等）进行核对，来确定本期的收款业务是否在正确的明细账户内登记了恰当的金额。

9. 审查坏账损失的处理

（1）检查应收账款（包括应收账款、其他应收款等应收项目）中有无债务人破产、破产财产清偿后仍无法收回的款项，或者应收账款逾期三年以上等情况。

（2）检查年度内坏账损失的原因是否清楚，有无授权批准，有无已作坏账损失处理后又收回款项的情况。

（3）按计提坏账准备的范围和标准测算已提坏账准备是否充分，采用账龄分析法测算坏账准备计提合理性，并核对坏账准备总账余额与报表数是否相符。

10. 确定应收账款是否已在资产负债表上恰当披露

根据相关规定，资产负债表的"应收账款"项目应根据"应收账款"账户所属明细科目的期末余额合计减去"坏账准备"科目中有关应收账款计提的坏账准备期末余额后的金额填列。如果被审计单位设立"预收账款"账户，应注意"应收账款"项目的数额是否根据"应收账款"和"预收账款"账户所属的明细账户的期末借方余额的合计数填列；如果被审计单位未设立"预收账款"账户，就应注意"应收账款"项目的数额是否根据"应收账款"账户所属的明细账户的期末借方余额的合计数填列。

第二节　采购与付款循环审计

一、采购与付款循环概述

（一）采购与付款循环的主要业务活动

采购与付款业务是指企业采购原材料、低值易耗品、包装物、固定资产等资产项目并支付相关款项的经营活动。采购与付款业务是从填制请购单开始，经主管人员审批后选取供应商和填制订购单、验收商品入库、登记购货业务，最终支付款项并登记付款业务而结束。

1. 填制请购单

生产部门或仓库保管员等根据请购需要填制一式两联的请购单交至采购部门，经主管人员审核批准后，采购部门填制订购单或准备购货合同。请购单是证明有关采购交易"发生"认定的凭据之一，也是采购交易轨迹的起点。

2. 选取供应商和填制订购单

采购人员从企业事先确定的供应商名单中选取一家供应商，根据经审核的请购单填制一式四联的订购单（或与之签订购物合同）。订购单（或购物合同）的各联分别交给供应商、仓库验收人员、会计人员、采购部门留存。

订购单应正确填写所需要的商品品名、数量、价格、厂商名称和地址等，且由预先予以编号并经过被授权的采购人员签名。之后，应独立检查订购单的处理，以确定企业是否确实收到商品并正确入账。这项检查与采购交易的"完整性"认定相关联。

3. 验收商品入库

货物送达企业后，应由仓库人员根据订购单（或购物合同）上的数量、规格、型号进行验收，填制一式两联的入库单。入库单的第一联交给会计人员，入库单的第二联和订购单的第二联由仓库保存。定期独立检查入库单的顺序以确定每笔采购交易都已编制凭单，这与采购交易的"完整性"认定有关。

4. 登记购货业务

财务部门的会计人员在收到请购单的第一联、订购单的第三联、入库单的第一联以及购货发票后，将上述四种凭证上的品名、数量、单价进行核对，并重新核对购货发票计算的正确性。

核对无误后，会计人员填制一式两联的应付凭单，并且编制记账凭证，登记应付账款明细账和原材料明细账等。同时，会计人员将请购单的第一联、订购单的第三联、入库单的第一联、购货发票、应付凭单的第一联转交出纳。

5. 支付款项

在企业与供应商约定的付款日,出纳在请购单的第一联、订购单的第三联、入库单的第一联、购货发票、应付凭单的第一联核对无误的情况下,开出支票,并交由会计主管签发支票,然后将支票交给供应商。

6. 登记付款业务

出纳根据支票存根编制付款凭证,登记银行存款日记账,会计人员根据付款业务登记应付账款明细账。

(二)采购与付款循环涉及的主要凭证和账簿资料

1. 请购单

请购单是由资产的使用部门或仓库管理部门填写,用于申请购买商品、劳务或其他资产的书面凭证。

2. 订购单

订购单是由采购部门填写,用来记录企业要向供应商购买订购单上所指定的商品、劳务或其他资产的名称、数量及有关资料的书面凭证。

3. 入库单

入库单是企业收到商品、资产时编制,用来记录收到的商品、资产的名称、种类、收到数量及其他资料的凭证。

4. 卖方发票

卖方发票是由供应商开具,交给买方以载明发运的货物或提供的劳务、应付款金额和付款条件以及开单日期等事项的凭证。

5. 付款凭单

付款凭单是载明已收到商品、资产或接受劳务的厂商、应付款金额和付款日期的凭证,是企业内部记录和支付负债的授权证明文件。

6. 付款凭证和转账凭证

付款凭证包括现金付款凭证和银行存款付款凭证,是用来记录现金和银行存款支出业务的记账凭证。转账凭证是记录转账业务的记账凭证，它根据有关转账业务的原始凭证编制。

7. 应付账款明细账和库存现金日记账、银行存款日记账

企业通常应按供货单位设置应付账款明细账，用来记录企业向各供货单位的赊购金额、货款支付及应付账款金额等内容。货款的支付应及时登记库存现金日记账和银行存款日记账。

8. 卖方对账单

卖方对账单是由供货方按月编制，标明期初余额、本期购买、本期支付给卖方的款项和期末余额的凭证。卖方对账单是供货方对有关业务的陈述，如果不考虑买卖双方在收发货物上可能存在的时间差等因素，其期末余额通常与采购方相应的应付账款的期末余额一致。

（三）采购与付款循环的审计目标

采购与付款循环的审计目标是评价采购与付款循环影响的各账户余额是否按照适用会计准则进行了公允反映，具体如下。

第一，确定已发生的购货与付款业务记录的完整性。由于少计或漏计应付账款而低估负债是被审计单位常见的舞弊手段，所以完整性是采购与付款循环审计的重要目标。

第二，确定采购与付款业务记录的资产是否归被审计单位所有，记录的负债是否为被审计单位承担的义务。

第三，确定采购与付款业务的真实性，一方面是确定记录的采购与付款业务是否发生在被审计的会计期间，另一方面是确定采购与付款业务是否真实存在。

第四，确定采购与付款循环的估价或分摊是否正确，一方面是确定采购金额和付款金额是否正确，另一方面是确定采购与付款业务涉及的账户期末余额是否正确。

第五，确定采购与付款业务所涉及的报表项目分类、表达和披露是否恰当。

二、采购与付款循环的内部控制与控制测试

（一）采购交易的内部控制

采购交易与销售交易无论是在控制目标还是在关键内部控制方面，就原理而言大同小异，以下仅就采购交易内部控制的特殊之处予以说明。

1. 适当的职责分离

企业应当建立采购与付款交易的岗位责任制，明确相关部门和岗位的职责与权限，确保办理采购与付款交易的不相容岗位相互分离、制约和监督。采购与付款交易不相容岗位至少包括：请购与审批，询价与确定供应商，采购合同的订立与审批，采购与验收，采购与相关会计记录，付款审批与付款执行。这些都是对企业提出的有关采购与付款交易相关职责适当分离的基本要求，以确保办理采购与付款交易的不相容岗位相互分离、制约和监督。

2. 内部核查程序

企业应当建立对采购与付款交易内部控制的监督检查制度，执行内部核查程序。采购与付款交易内部控制监督检查的主要内容通常如下。

（1）采购与付款交易相关岗位及人员的设置情况。重点检查是否存在采购与付款交易不相容职务混岗的现象。

（2）采购与付款交易授权批准制度的执行情况。重点检查大宗采购与付款交易的授权批准手续是否健全，是否存在越权审批的行为。

（3）应付账款和预付账款的管理。重点检查应付账款和预付账款支付的正确性、时效性和合法性。

（4）有关单据、凭证和文件的使用和保管情况。重点检查凭证的登记、领用、传递、保管、注销等手续是否健全，使用和保管制度是否存在漏洞。

（二）付款交易的内部控制

对于每个企业而言，由于性质、所处行业、规模以及内部控制健全程度等不

同，使得与付款交易相关的内部控制内容也有所不同，但以下与付款交易相关的内部控制内容是应当共同遵循的。

第一，企业应当按照《现金管理暂行条例》《支付结算办法》等有关货币资金内部会计控制的规定办理采购付款交易。

第二，企业财会部门在办理付款交易时，应当对采购发票、结算凭证、验收证明等相关凭证的真实性、完整性、合法性及合规性进行严格审核。

第三，企业应当建立预付账款和定金的授权批准制度，加强预付账款和定金的管理。

第四，企业应当加强应付账款和应付票据的管理，由专人按照约定的付款日期、折扣条件等管理应付款项。已到期的应付款项须经有关授权人员审批后方可办理结算与支付。

第五，企业应当建立退货管理制度，对退货条件、退货手续、货物出库、退货货款回收等作出明确规定，及时收回退货款。

第六，企业应当定期与供应商核对应付账款、应付票据、预付款项等往来款项。如有不符，应查明原因，并及时处理。

（三）固定资产的内部控制

许多从事制造业的被审计单位的固定资产在其资产总额中占有很大的比重，固定资产的购建会影响其现金流量，而固定资产的折旧、维修等费用则是影响其损益的重要因素。固定资产管理失控所造成的损失，通常会远远超过一般的商品存货等流动资产占用的资金。因此，为了确保固定资产的真实、完整、安全和有效利用，被审计单位应当建立和健全固定资产的内部控制。

1. 固定资产的预算制度

预算制度是固定资产内部控制中最重要的部分。通常，大中型企业应编制旨在预测与控制固定资产增减和合理运用资金的年度预算；小规模企业即使没有正规的预算，对固定资产的购建也要事先加以规划。

2. 授权批准制度

完善的授权批准制度包括企业的资本性预算只有经过董事会等高层管理机构批准方可生效,所有固定资产的取得和处置均须经企业须理层书面认可等。

3. 账簿记录制度

除固定资产总账外,被审计单位还须建立账簿记录制度,设置固定资产明细分类账和固定资产登记卡,按固定资产类别、使用部门和每项固定资产进行明细分类核算。固定资产的增减变化均应有充分的原始凭证。

4. 职责分工制度

对固定资产的取得、记录、保管、使用、维修、处置等,均应明确划分职责,由专门部门和专人负责。

5. 资本性支出和收益性支出的区分制度

企业应制定区分资本性支出和收益性支出的书面标准,通常须明确资本性支出的范围和最低金额,凡不属于资本性支出的范围、金额低于下限的任何支出,均应列作费用并抵减当期收益。

6. 固定资产的处置制度

固定资产的处置,包括投资转出、报废、出售等均要有一定的申请报批程序。

7. 固定资产的定期盘点制度

对于固定资产的定期盘点,是验证账面各项固定资产是否真实存在、了解固定资产放置地点和使用状况以及发现是否存在未入账固定资产的必要手段。

8. 固定资产的维护保养制度

固定资产应建立维护保养制度,以防止其因各种自然和人为的因素而遭受损失,并应建立日常维护和定期检修制度,以延长其使用寿命。

作为与固定资产密切相关的一个项目,在建工程项目有其特殊性。在建工程的内部控制通常包括岗位分工与授权批准、项目决策控制、概预算控制、价款支付控制、竣工决算控制和监督检查等。

（四）采购与付款循环的控制测试

1. 检查采购与付款业务的业务凭证

审计人员从采购部门的业务档案中抽取订货样本，索取其采购与付款业务的各种凭证与记录，沿着采购业务的正常程序加以追踪，进行如下的检查。

（1）检查每一笔采购业务是否均有请购单、订购单、购货发票和入库单，核对请购单、订购单、购货发票和入库单是否一致。

（2）检查请购单、订购单和入库单的编制以及购货发票的核对与付款是否有适当的职责分工。

（3）检查每一笔采购业务的请购单、订购单及付款是否经过适当的授权审批。

（4）核对请购单与订购单是否一致，请购单和订购单是否连续编号。

（5）核对采购合同上确定的价格、付款日期与财会部门核准的支付条件是否一致。

（6）检查合同是否经过有关部门审查，核对购货发票上所购物品的数量、规格、品种与合同是否一致。

2. 检查采购与付款业务的账务处理

从请购单、订购单、购货发票和验收单等原始凭证追查至应付账款明细账与总账、库存现金日记账、银行存款日记账等，以确定被审计单位编制的记账凭证是否正确，过账是否及时和正确。

3. 实地观察或询问物资的保管情况

审计人员通过询问仓库管理人员其职责情况，实地观察存货的保管情况，以确定存货是否存放在安全的地点并由专人保管，是否限制未经过批准的人员接触。

4. 检查账簿的核对

审计人员主要检查被审计单位是否定期核对采购与付款业务相关的明细账和总账，是否定期与供应商核对相关记录。

三、采购与付款循环的实质性程序

（一）应付账款的实质性程序

1. 获取或编制应付账款明细表

审计人员应获取或编制应付账款明细表，复核其加计是否正确，并将明细表数额与明细账、报表进行核对。在连续审计的情况下，还应将应付账款的期初余额与上期的工作底稿进行核对。

在对应付账款明细表中的内容进行核查的过程中，要重点关注以下两个内容。

（1）分析有借方余额的明细账目，查明原因，必要时进行重分类调整。

（2）确定有无不属于应付账款核算范围的款项被计入应付账款的情况，必要时进行重分类调整。

2. 实施分析程序

（1）将本年度应付账款的期末余额与年初余额相比较，若出现异常变动（主要供应商变化、借方余额所占比重变化、账龄分析出现异常等），应调查原因。

（2）详细分析重要供货商的应付账款变动趋势，可将重要往来账户的发生额与上年同期进行比较。

3. 抽查若干重要的供应商明细记录

审计人员应抽取若干发生额（或余额）较大以及账户余额为零的供应商的对账单。如果对账单余额与应付账款明细账余额存在差异，应要求被审计单位根据对账单余额和相应应付账款明细账余额编制调节表，并要求其解释调节表中出现的大额调节项目和异常迹象的调节项目。审计人员也可以根据实际情况确定是否需要对这些项目进行详细调查。

4. 审查期后付款

审查期后（资产负债表日后至审计外勤结束日止）的付款情况，确定是否存在被审计期间未入账的负债。

5. 函证应付账款

应付账款通常应采用积极式函证的方法。函证的对象包括应付账款明细账余额较大的供货商、本期与被审计单位有较大额的业务往来但应付账款余额较小的供货商、未能提供对账单的供货商等。

在被审计单位控制风险较高的情况下，审计人员也有必要对应付账款进行函证。同时，审计人员必须对函证的过程（包括选取需要函证的账户，询证函的起草、寄发和收回）进行控制，要求债权人直接回函，并根据回函情况编制与分析函证结果汇总表；对于未回函的，应考虑是否再次进行函证。

如果存在未回函的重大项目，审计人员应采用替代审计程序。比如，可以检查决算日后应付账款明细账及库存现金日记账和银行存款日记账，核实其是否已支付，同时检查该笔债务的相关凭证资料，核实应付账款的真实性。

6. 实施截止测试

对于资产负债表日后一段时间的购货业务实施购货/应付账款截止测试。通过审核应付账款明细账、入库单、发票和其他相关凭证来确定购货是否记录在正确的期间内。

7. 确定应付账款的报表列示是否恰当

资产负债表中的"应付账款"项目应根据"应付账款"账户所属各明细账户的期末贷方余额合计填列。对于应付账款明细账中的借方余额，应提请客户进行重分类调整，反映在资产负债表中的"预付账款"项目。

（二）固定资产的实质性程序

1. 获取或编制固定资产和累计折旧分类汇总表

固定资产和累计折旧分类汇总表是固定资产审计的重要工作底稿，是分析固定资产账户余额变动情况的重要依据。审计人员应当注意复核固定资产及其累计折旧分类汇总表的加计数是否正确，并与明细账合计余额和总账的余额核对是否相符，结合累计折旧审计与报表数核对是否相符。

2. 实施分析程序

（1）将本期折旧费用、维修费用分别与历史数据进行进行比较。

（2）将预算中的资本性支出与实际情况进行比较。

（3）进行比率分析，并与本企业的历史数据和同行业的平均水平进行比较。

3. 检查新增固定资产

固定资产的增加有多种渠道，如购置、自行建造、接受捐赠、接受投资等。在会计期末，针对新增固定资产的审查主要从以下两个方面着手。

（1）确定新增固定资产的会计记录是否正确。抽查与新增固定资产有关的发票，以及其他原始凭证、凭证手续是否齐备，其计价是否正确，是否已登记入账。

（2）确定新增固定资产是否真实存在。从固定资产明细账中抽查一定的样本，然后进行实地观察，可以发现高估资产的问题；将实地抽查的部分新增固定资产与固定资产明细账进行核对，则有可能发现低估资产的问题。

4. 检查固定资产的减少

固定资产的减少包括出售、报废、毁损、对外投资、对外捐赠等多种类型。要确定固定资产的减少是否合理，首先可根据董事会和其他管理部门的会议记录，确认重要资产处理的合理性；然后通过抽查有关原始凭证及相关的会计记录，确定固定资产的减少是否有授权批准，会计处理是否正确。

5. 确定固定资产的折旧计算是否正确

审计人员应在了解被审计单位固定资产折旧政策的基础上，复核本期折旧范围是否合理，折旧金额是否正确。

《企业会计准则第4号——固定资产》允许企业采用的折旧方法包括年限平均法、工作量法、双倍余额递减法、年数总和法等。审计人员需要注意：被审计单位的折旧方法选择是否恰当，折旧方法在被审计年度是否发生变动，折旧年限和残值的估计是否合理，折旧金额的计算是否正确，会计处理是否正确。

6. 确定固定资产的维修保养费用处理是否正确

抽查固定资产明细账、待摊费用等账户，确定被审计单位资本性支出与收益性支出的划分是否恰当，维护保养费用的账务处理是否合理。

7. 确定固定资产减值准备的计提是否恰当

根据《企业会计准则第8号——资产减值》的规定，企业应当在资产负债表日判断资产是否存在可能发生减值的迹象。如存在下列迹象，表明固定资产可能发生了减值。

（1）固定资产当期市价大幅度下跌，其跌幅明显高于因时间推移或正常使用而预计的下跌。

（2）企业经营所处的经济、技术或法律等环境及固定资产所处的市场在当期或将在近期发生重大变化，对企业产生不利影响。

（3）市场利率或其他市场投资回报率在当期已经提高，影响企业计算固定资产预计未来现金流量现值的折现率，导致固定资产可收回金额大幅度降低。

（4）有证据表明固定资产陈旧过时或者其实体已经损坏。

（5）固定资产已经或者将被闲置、终止使用或者计划提前处置。

（6）企业内部报告的证据表明固定资产的经济绩效已经低于或者将低于预期，如固定资产所创造的净现金流量或者实现的营业利润（或者损失）远远低于（或者高于）预计金额等。

（7）其他表明资产可能已经发生减值的迹象。

如固定资产存在减值迹象，导致其可收回金额低于账面价值的，应将固定资产的账面金额减计至可收回金额，将减计的金额确认为固定资产减值损失，计入当期损益，同时计提相应的固定资产减值准备。固定资产减值损失一经确认，在以后会计期间不得转回。处置固定资产时原计提的减值准备应同时结转。

8. 确定固定资产和累计折旧等项目在资产负债表上的列示是否恰当

审计人员应当根据前述各项审计内容，结合累计折旧的审计，确定资产负债表上有关固定资产数据的正确性，并注意固定资产的确认条件、分类、计价方法和折旧方法等是否已在财务报表附注中进行了恰当披露。

第三节　生产与存货循环审计

一、生产与存货循环概述

(一) 生产与存货循环的主要业务活动

生产与存货循环反映的是企业将购入的原材料经过加工最后形成半成品或产成品（库存商品）的过程。生产与存货循环所涉及的业务内容主要是生产成本的计算和存货的管理等。该循环和采购与付款循环联系紧密，主要表现为原材料的购入；该循环也与销售和收款循环联系紧密，主要表现为产成品的销售。该循环从计划和安排生产开始，经领用原材料、生产产品、核算产品成本、产品完工入库及储存、发出产成品、存货监盘，最终审查存货跌价准备和确定存货在资产负债表上的表达与披露是否恰当而结束。

1. 计划和安排生产

生产计划部门根据产品需求情况和自身生产能力来确定产品生产计划，并根据生产计划进行生产授权，即签发预先编号的生产通知单，同时编制材料需求报告，列示所需要的材料及其库存。

2. 领用原材料

生产部门由专人负责根据生产的需要填制领料单，向仓库领取原材料。领料单上必须列示所需的材料数量和种类，以及领料部门的名称。仓库根据收到的领料单发出原材料。领料单通常一式三联，仓库发料并戳记后，将其中一联连同材料交给领料部门，另外两联经仓库登记材料明细账后，送会计部门进行材料收发核算和成本核算。

3. 生产产品

生产部门在收到生产通知单并领取原材料后，投入必要的人工成本、制造费用，进行产品的生产。在完成生产任务后，将完工的产品交验收人员查点，然后办理入库手续；或是将所完成的产品移交下一个部门，进行进一步加工。

4. 核算产品成本

为了正确核算并有效控制产品成本，必须建立健全成本会计制度，将生产控制和成本核算有机结合在一起。一方面，生产过程中的各种记录、生产通知单、领料单、计工单、入库单等文件资料都要汇集到会计部门，由会计部门对其进行检查和核对，了解和控制生产过程中存货的实物流转；另一方面，会计部门要设置相应的会计账户，会同有关部门对生产过程中的成本进行核算和控制。

5. 产品完工入库及储存

仓库在收到已完工产品时，应当进行检验和检查，然后签收。签收后，将实际入库数量通知会计部门。据此，仓库确立了本身应承担的责任，并对验收部门的工作进行验证。除此之外，仓库部门还应根据产成品的品质特征分类储存，并填制标签。

6. 发出产成品

产成品的发出须由独立的发运部门进行。装运产成品时必须持有经有关部门核准的发运通知单，并据此编制出库单。出库单至少一式四联：一联交仓库部门，一联发运部门留存，一联送交顾客，一联作为给顾客开发票的依据。

7. 存货监盘

对期末存货数量的确定，是存货盘点与存货审计中的重要内容。存货监盘是指审计人员参与被审计单位的存货盘点工作，并对盘点工作进行适当的监督和抽查，以获取存货真实存在的证据。

8. 审查存货跌价准备

企业期末对存货进行盘点后，若可变现净值低于成本，应计提存货跌价准备。

对存货跌价准备的审查主要包括：审查被审计单位是否于期末对存货进行检查分析，存货跌价准备的计提依据方法是否合理、前后各期是否一致；存货跌价准备提取或补提的金额及会计处理是否正确；抽查计提存货跌价准备的项目，查明其期后售价是否低于原始成本。

9. 确定存货在资产负债表上的表达与披露是否恰当

为了确定存货在资产负债表上的表达与披露的恰当性，审计人员应对材料采购、在途物资、原材料、包装物、低值易耗品、自制半成品、库存商品、委托加工物资、委托代销商品、受托代销商品、存货跌价准备、生产成本等各项具体存货的相关账户进行实质性测试。在对各项具体存货的相关账户完成测试后，应确定资产负债表上存货项目的数字是否依据上述各账户的审定期末余额填列。

（二）生产与存货循环涉及的主要凭证

1. 生产通知单

生产通知单是企业下达制造产品等生产任务的书面文件，用以通知供应部门组织材料发放，生产车间组织产品制造，会计部门组织成本计算。

2. 领发料凭证

领发料凭证是企业为控制材料发出所采用的各种凭证，如材料发出汇总表、领料单、限额领料单、领料登记簿、退料单等。本书中统称为领料单。

3. 产量和工时记录

产量和工时记录是登记工人或生产班组出勤时间内完成产品数量、质量和生产这些产品所耗费工时数量的原始记录。常见的产量和工时记录主要包括工作通知单、工序进程单、工作班产量报告、产量通知单、产量明细表、废品通知单等。

4. 工薪汇总表及工薪费用分配表

工薪汇总表是为了反映企业全部工薪的结算情况，并据以进行工薪结算总分类核算和汇总整个企业工薪费用而编制的，它是企业进行工薪费用分配的依据。工薪费用分配表反映了各生产车间各产品应负担的生产工人工薪及福利费。

5. 材料费用分配表

材料费用分配表是用来汇总反映各生产车间的产品所耗费的材料费用的原始记录。

6. 制造费用分配汇总表

制造费用分配汇总表是用来汇总反映各生产车间各产品所应负担的制造费用的原始记录。

7. 成本计算单

成本计算单是用来归集某一成本计算对象所应承担的生产费用，是计算该成本计算对象的总成本和单位成本的记录。

8. 存货明细账

存货明细账是用来反映各种存货增减变动情况和期末库存数量及相关成本信息的会计记录。存货是指企业在生产经营过程中为销售或耗用而储存的各种资产，包括购入的原材料、燃料、包装物、低值易耗品等，处于生产过程的在产品、半成品等，以及生产完工的产成品。

二、生产与存货循环的内部控制与控制测试

（一）生产与存货循环的内部控制

审计人员通过查阅被审计单位的有关规章制度、文件资料，向有关人员询问或现场调查等方式，了解被审计单位生产与存货循环的内部控制制度，并运用适当的方法进行描述，记入审计工作底稿。

审计人员可以执行穿行测试，以证实对交易流程和相关控制的了解是否正确与完整，并对其控制风险作出初步的评价。如果被审计单位未设置相关内部控制，或者被审计单位的相关内部控制未得到有效执行，则审计人员不应再继续实施控制测试，而应直接实施实质性程序。

（二）生产与存货循环的控制测试

1. 抽查生产通知单

针对计划和安排生产阶段，审计人员可以抽取一定数量的生产通知单，做

如下检查。

（1）检查生产通知单是否与生产计划一致。

（2）检查生产通知单是否经过批准、是否事先连续编号。

（3）对于定制生产（如适用），生产通知单是否附有顾客认可的产品设计和规格等资料。

2. 抽查领料单

针对领取原材料，审计人员可以抽取一定数量的领料单，做如下检查。

（1）检查领料单是否经过批准，是否连续编号，并将其与生产通知单进行比较。

（2）检查领料单是否与生产报告一致，如有差异是否及时处理。

（3）抽查生产记录文件。生产记录文件包括产量和工时记录、工薪汇总表及工薪费用分配表、材料费用分配表、制造费用分配汇总表、成本计算单以及生产报告。审计人员可以抽取一定数量的生产记录文件，进行顺查或逆查，核实信息是否一致、成本结转是否正常，如有差异是否进行了及时处理。

3. 抽查产品的验收入库证明

针对完工产品入库，要分两个阶段，即验收和入库，审计人员可以做如下检查。

（1）抽取产成品验收单、产成品入库单并检查信息是否一致。

（2）观察存货控制程序，审查存货转移单。

（3）抽取原材料盘点明细表，检查其是否经适当层次复核，有关差异是否得到处理。

（4）抽取产成品存货盘点报告，检查其是否经适当层次复核，有关差异是否得到处理。

4. 抽查产品成本核算的过程

成本会计制度的控制测试主要包括直接材料成本控制测试、直接人工成本控制测试、制造费用控制测试和生产成本在当期完工产品与在产品之间分配的控制测试四项内容。

（1）直接材料成本控制测试。

①对于采用定额单耗的企业，可选择某一成本报告期若干种具有代表性的产品成本计算单，获取样本的生产指令或产量统计记录及其直接材料单位消耗定额，根据材料明细账或采购业务测试工作底稿中各相应直接材料的单位实际成本，计算直接材料的总消耗量和总成本，与该样本成本计算单中的直接材料成本核对。同时，应注意：生产指令是否经过授权批准；单位消耗定额和材料成本计价方法是否适当，在当年有无重大变更。

②对于未采用定额单耗的企业，可获取材料费用分配汇总表、材料发出汇总表（或领料单）、材料明细账（或采购业务测试工作底稿）中各该直接材料的单位成本，并检查成本计算单中直接材料成本与材料费用分配汇总表中该产品负担的直接材料费用是否相符，分配标准是否合理。此外，将抽取的材料发出汇总表或领料单中若干种直接材料的发出总量和各该种材料的实际单位成本之积，与材料费用分配汇总表中各该种材料费用进行比较，并注意领料单的签发是否经过授权批准，材料发出汇总表是否经过适当的人员复核，材料单位成本计价方法是否适当，在当年有无重大变更。

③对于采用标准成本法的企业，获取样本的生产指令或产量统计记录、直接材料单位标准用量、直接材料标准单价及发出材料汇总表或领料单，并检查：根据生产量、直接材料单位标准用量和标准单价计算的标准成本与成本计算单中的直接材料成本是否相符；直接材料成本差异的计算与账务处理是否正确，直接材料的标准成本在当年度内有无重大变更。

（2）直接人工成本控制测试。

①对于采用计时工资制的企业，获取样本的实际工时统计记录、职员分类表和职员工薪手册（工资率）及人工费用分配汇总表，并检查：成本计算单中直接人工成本与人工费用分配汇总表中该样本的直接人工费用是否相符；样本的实际工时统计记录与人工费用分配汇总表中该样本的实际工时是否相符。此外，抽取生产部门若干天的工时台账，与实际工时统计记录核对是否相符；当没有实际工时统计记录时，则可根据职员分类表及职员工薪手册中的工资率，计算复核人工费用分配汇总表中该样本的直接人工费用是否合理。

②对于采用计件工资制的企业，获取样本的产量统计报告、个人（小组）产量记录和经批准的单位工薪标准或计件工资制度，并检查根据样本的统计产量和单位工薪标准计算的人工费用与成本计算单中直接人工成本是否相符。此外，抽取若干个直接人工（小组）的产量记录，检查是否被汇总计入产量统计报告。

③对于采用标准成本法的企业，获取样本的生产指令或产量统计报告、工时统计报告和经批准的单位标准工时、标准工资率、直接人工的工薪汇总表等资料，并检查：根据产量和单位标准工时计算的标准工时总量与标准工时工资率之积，同成本计算单中直接人工成本是否相符；直接人工成本差异的计算与账务处理是否正确，直接人工的标准成本在当年内有无重大变更。

（3）制造费用控制测试。获取样本的制造费用分配汇总表、按项目分列的制造费用明细账、与制造费用分配标准有关的统计报告及其相关原始记录，并检查：制造费用分配汇总表中，样本分担的制造费用与成本计算单中的制造费用是否相符；制造费用分配汇总表中的合计数与样本所属成本报告期的制造费用明细账总计数是否相符；制造费用分配汇总表选择的分配标准（机器工时数、直接人工工资、直接人工工时数、产量等）与相关的统计报告或原始记录是否相符，并对费用分配标准的合理性作出评估。如果企业采用预计费用分配率分配制造费用，则应针对制造费用分配过多或过少的差额，检查其是否做了适当的账务处理；如果企业采用标准成本法，则应检查样本中标准制造费用的确定是否合理，计入成本计算单的数额是否正确、制造费用差异的计算与账务处理是否正确，并注意标准制造费用在当年度内有无重大变更。

（4）生产成本在当期完工产品与在产品之间分配的控制测试。检查成本计算单中在产品数量与生产统计报告或在产品盘存表中的数量是否一致；检查在产品约当产量计算或其他分配标准是否合理；计算复核样本的总成本和单位成本，最终对当年采用的成本会计制度作出评价。

三、存货的实质性程序

制造业企业的生产过程、成本核算可能很复杂，在生产过程中涉及的会计科目也比较多,反映到财务报表上,影响的报表项目主要有存货、应付职工薪酬、主营业务成本等。其中,主营业务成本可以通过销售业务及存货的计价测试进行验证。基于重要性原则及篇幅限制的原因,本书在此仅对存货的实质性程序进行讲解。

(一)存货审计的目标

确定存货是否存在;确定存货是否归被审计单位所有;确定存货增减变动的记录是否完整;确定存货的品质状况,存货跌价的计提是否合理;确定存货的计价方法是否恰当;确定存货年末余额是否正确;确定存货在会计报表上的披露是否恰当。

(二)存货的实质性程序

1. 获取或编制存货明细表

获取或编制存货明细表,复核加计是否正确,并与报表数、总账数及明细账合计数核对是否相符。

2. 实施分析程序

在存货审计过程中,需要大量运用分析性程序来获取审计证据,并协助形成恰当的审计结论,主要方法是比较法和比率分析法。其内容如下。

(1)比较前后各期及本年度各个月份存货余额及其构成,以评价其合理性。

(2)比较前后各期及本年度各个月份成本总额及其料、工、费构成,以评价其合理性。

(3)比较前后各期及本年度各个月份主营业务成本及其单位销售成本,以评价其合理性。

(4)比较前后各年度存货周转率、销售毛利率、存货与流动资产比等,关注异常情况,分析潜在的风险。

3. 实施存货监盘

(1)存货监盘的定义和作用。存货监盘是指审计人员现场观察被审计单位存货的盘点，并对已盘点的存货进行适当检查。存货监盘有两层含义：一是注册会计师应亲临现场观察被审计单位存货的盘点；二是在此基础上，审计人员应根据需要抽查已盘点的存货。在绝大多数情况下审计人员都必须亲自观察存货盘点过程，实施存货监盘程序。出现无法实施存货监盘的特殊情况，审计人员应当实施必要的替代程序。实施存货监盘，能获取有关期末存货数量和状况的充分、适当的审计证据，但并不能取代被审计单位管理层定期盘点存货、合理确定存货的数量和状况的责任。存货监盘主要针对的是存货的存在认定、完整性认定以及权利和义务认定。而在测试存货的所有权认定和完整性认定时，可能还需要实施其他审计程序。

（2）制订存货监盘计划应考虑的内容。审计人员应当根据被审计单位存货的特点、盘存制度和存货内部控制的有效性等情况在评价被审计单位管理层制定的存货盘点程序的基础上，编制存货监盘计划，对存货监盘作出合理安排。在编制存货监盘计划时，审计人员需要考虑以下事项。

①存货项目的重要程度。存货项目的重要程度直接关系到如何恰当地分配审计资源。

②与存货相关的重大错报风险。例如，与时装相关的服装行业，由于服装产品的消费者对服装风格或颜色的偏好容易发生变化，因此，存货是否过时是重要的审计事项。

③与存货相关的内部控制。审计人员应当了解被审计单位与存货盘点相关的内部控制。

④实地查看存货的存放场所。这有助于审计人员熟悉在库存货及其组织管理方式，也有助于在盘点工作进行前发现潜在问题。

⑤存货盘点的时间安排。如果存货盘点在财务报表日以外的其他日期进行，审计人员还应当实施其他审计程序，以确定存货盘点日与财务报表日之间的存货变动是否已得到恰当的记录。

⑥存货的存放地点，据以确定适当的监盘地点。如果被审计单位的存货存放在多个地点，审计人员可以要求被审计单位提供一份完整的存货存放地点清单，

并考虑其完整性。

⑦被审计单位是否一贯采用永续盘存制。存货数量的盘存制度一般分为实地盘存制和永续盘存制，对于前者，审计人员监盘安排的次数要多于后者。

⑧查阅以前年度的存货监盘工作底稿。了解被审计单位的存货情况、存货盘点程序以及其他在以前年度审计中遇到的重大问题。

⑨利用专家的工作。审计人员可能不具备其他专业领域专长与技能，在确定资产数量或资产实物状况（如矿石堆），或在收集特殊类别存货（如艺术品、稀有玉石、房地产、电子器件、工程设计等）的审计证据时，审计人员还可以考虑利用相关领域专家的工作。

（3）存货监盘计划的主要内容。

①存货监盘的目标、范围及时间安排。存货监盘的目标是获取被审计单位资产负债表日有关存货数量和状况的审计证据，检查存货的数量是否真实完整，存货是否归属被审计单位，存货是否有残次冷背的状况。存货监盘范围的大小取决于存货的内容、性质以及与存货相关的内部控制的完善程度和重大错报风险的评估结果。对存放于外单位的存货，应当考虑实施适当的替代程序，以获取充分、适当的审计证据。存货监盘的时间，包括实地查看盘点现场的时间、观察存货盘点的时间和对已盘点存货实施检查的时间等，应当与被审计单位实施存货盘点的时间相互协调。

②存货监盘的要点及关注事项。存货监盘的要点主要包括实施存货监盘程序的方法、步骤，各个环节应注意的问题以及所要解决的问题。重点关注的事项包括盘点期间存货的移动、存货的状况、存货的截止确认、存货的各个存放地点及金额等。

③参加存货监盘人员的分工。根据被审计单位参加存货盘点人员分工及分组情况、存货监盘工作量的大小和人员素质情况，确定参加存货监盘的人员组成，各组成人员的职责和具体的分工情况，并加强督导。

④检查存货的范围。根据对被审计单位存货盘点和对被审计单位内部控制的评价结果确定检查存货的范围。审计人员在实施观察程序后，如果认为被审计单位内部控制设计良好且得到有效实施、存货盘点组织良好，可以相应缩小实施

检查程序的范围。

（4）存货监盘的程序。

①观察程序。在被审计单位盘点存货前，应当观察盘点现场，确定应纳入盘点范围的存货是否已经适当整理和排列，并附有盘点标志，防止遗漏或重复盘点。对于未纳入盘点范围的存货，应当查明未纳入的原因。

②检查程序。对已盘点的存货进行适当检查，将检查结果与被审计单位盘点记录相核对，并形成相应记录。在实施检查程序时发现差异，很可能表明被审计单位的存货盘点在准确性或完整性方面存在错误。一方面，应当查明原因，并及时提请被审计单位更正；另一方面，应当考虑错误的潜在范围和重大程度，还可要求被审计单位重新盘点。重新盘点的范围可限于某一特殊领域的存货或特定盘点小组。

③需要特别关注的情况：一是应当特别关注存货的移动情况，防止遗漏或重复盘点；二是应当特别关注存货的状况，观察被审计单位是否已经恰当区分所有残次冷背的存货；三是应当获取盘点日前后存货收发及移动的凭证，检查库存记录与会计记录期末截止是否正确。

④对特殊类型存货的监盘。对某些特殊类型的存货而言被审计单位通常使用的盘点方法和控制程序并不完全适用。这些存货通常或者没有标签，或者其数量难以估计，或者其质量难以确定，或者盘点人员无法对其移动实施控制。在这些情况下，需要运用职业判断，根据存货的实际情况，设计恰当的审计程序，可利用专家或被审计单位内部有经验人员的工作，对存货的数量和状况获取审计证据。

⑤存货监盘结束时的工作。在被审计单位存货盘点结束前，审计人员应当做到：一是再次观察盘点现场，以确定所有应纳入盘点范围的存货是否均已盘点；二是取得并检查已填用、作废及未使用盘点表单的号码记录，确定其是否连续编号，查明已发放的表单是否均已收回，并与存货盘点的汇总记录进行核对；三是如果存货盘点日不是资产负债表日，审计人员应当实施适当的审计程序，确定盘点日与资产负债表日之间存货的变动是否已得到恰当的记录。

(5) 特殊情况的处理。

①在存货盘点现场实施存货监盘不可行。如果由于存货的性质和存放地点等因素造成无法在存货盘点现场实施存货监盘，审计人员需要分情况处理。例如，存货存放在对审计人员的安全有威胁的地点，审计人员应当实施替代审计程序（如检查盘点日后出售、盘点日之前取得或购买的特定存货的文件记录），以获取有关存货的存在和状况的充分、适当的审计证据。但在其他一些情况下，如果不能实施替代审计程序，或者实施替代审计程序可能无法获取有关存货的存在和状况的充分、适当的审计证据，审计人员需要按照《中国注册会计师审计准则第1502号——在审计报告中发表非无保留意见》的规定发表而非无保留意见。

②因不可预见的情况导致无法在存货盘点现场实施监盘。审计人员无法在存货盘点现场实施监盘，比较常见的两种情况包括：一是审计人员无法亲临现场，即由于不可抗力导致其无法到达存货存放地实施存货监盘；二是气候因素，即由于恶劣的天气导致审计人员无法实施存货监盘程序，或由于恶劣的天气无法观察存货，如木材被积雪覆盖。如果由于不可预见的情况无法在存货盘点现场实施监盘，审计人员应当另择日期实施监盘，并对间隔期内发生的交易实施审计程序。

③由第三方保管或控制的存货。如果由第三方保管或控制的存货对财务报表是重要的，审计人员应当实施审计程序，以获取有关该存货存在和状况的充分、适当的审计证据，包括向持有被审计单位存货的第三方函证存货的数量和状况，实施检查或其他适合具体情况的审计程序。考虑到第三方仅在特定时点执行存货盘点工作，在实务中，审计人员可以事先考虑实施函证的可行性。如果预期不能通过函证获取相关审计证据，可以事先计划和安排存货监盘等工作。

4. 实施存货计价测试

在进行计价测试时，审计人员首先应对存货价格的组成内容予以审核，然后按照所了解的计价方法对所选择的存货样本进行计价测试。测试时，应尽量排除被审计单位已有计算程序和结果的影响，进行独立测试。测试结果出来后，应与被审计单位账面记录对比，编制对比分析表，分析形成差异的原因。如果差异过大，应扩大测试范围，并根据审计结果考虑是否应提出审计调整建议。

在存货计价审计中，由于被审计单位期末存货采用成本与可变现净值孰低的方法计价，所以应充分关注其对存货可变现净值的确定及存货跌价准备的计提。

应当将存货账面余额全部转入当期损益的情况包括：已霉烂变质的存货；已过期不可退的存货（主要指食品）；生产已不再需要，并且无转让价值的存货；其他足以证明已无使用价值和转让价值的存货。

5. 实施存货截止测试

（1）存货截止测试的含义。所谓存货截止测试，就是检查记录已为企业所有，并且包括在年末存货盘点范围内，未购入或已经售出的存货不在年末存货盘点范围内，也不在年末存货账面记录的余额中。简而言之，存货在仓库的增减与会计记录它的增减在同一个会计期间。它包括以下几个含义。

①在截止日以前入库的存货项目包括在盘点范围内，并已反映在截止日以前的会计记录中；在截止日期以后入库的存货项目未包括在盘点范围内，也未反映在截止日以前的会计记录中。例如，截止日以前已入库但未收到购货发票的货物，在存货盘点截止日要暂估入账，存货与负债同时增加，次年初以红字冲销。

②在截止日以前装运出库的存货项目未包括在盘点范围内，且未包括在截止日的存货账面余额中；在截止日期以后装运出库的存货项目已包括在盘点范围内，并已包括在截止日的存货账面余额中。

③已确认为销售但尚未装运出库的商品未包括在盘点范围内，且未包括在截止日的存货账面余额中。

④已记录为购货但尚未入库的存货已包括在盘点范围内，并已反映在会计记录中。

（2）存货截止测试程序。

①检查存货盘点日前后的购货（销售）发票与验收单、入（出）库单。

②查阅验收部门的业务记录。业务部门年末的入（出）库记录，与其购货（销售）发票在同一会计期间入账。

6. 确定存货是否已在资产负债表上恰当披露

（1）资产负债表上存货的余额包含被审计单位全部类别的存货项目。

（2）在会计报表附注中还要披露存货的种类、计价方法和余额。

第四节　货币资金审计

一、货币资金概述

（一）货币资金业务的主要内容

货币资金是流动性最强的一种资产，持有货币资金是企业生产经营活动的基本条件，货币资金在企业的会计核算中占有重要的位置。根据货币资金存放地点及用途的不同，货币资金分为库存现金、银行存款及其他货币资金。

货币资金业务很简单，不外乎收款和付款。但同时，货币资金业务又很复杂，因为货币资金与所有业务循环都存在联系。

（二）货币资金业务涉及的凭证

1. 现金盘点表

现金盘点表，是指企业定期对库存现金进行盘点形成的记录。

2. 银行对账单

银行对账单，是指银行客观记录企业资金流转情况的记录单，是银行和企业之间对资金流转情况进行核对和确认的凭单。银行对账单定期由银行寄发或企业自取。

3. 银行存款余额调节表

银行存款余额调节表，是企业在银行对账单余额与银行存款日记账余额的基础上，对未达账项进行调整所形成的表格。

4.有关记账凭证

既然货币资金业务的主要内容是收款和付款，那么所形成的就主要是收款凭证和付款凭证。

5.有关会计账簿

货币资金业务形成的会计账簿是指货币资金项目的账簿以及对应科目的账簿。

二、货币资金的内部控制

由于货币资金是企业流动性最强的资产，企业必须加强对货币资金的管理，建立良好的货币资金内部控制。企业应确保全部应收取的货币资金均能收取，并及时、正确地予以记录；全部货币资金支出是按照经批准的用途进行的，并及时、正确地予以记录；库存现金、银行存款报告正确，并得以恰当保管；正确预测企业正常经营所需的货币资金收支额，确保企业有充足又不过剩的货币资金余额。一般情况下，货币资金内部控制应该包括以下四个方面。

（一）岗位分工

企业应当建立货币资金业务的岗位责任制，明确相关部门和岗位的职责权限，确保办理货币资金业务的不相容岗位相互分离、制约和监督。例如出纳人员不得兼任稽核、会计档案保管和收入、支出、费用、债权债务账目的登记工作，企业不得由一人办理货币资金业务的全过程。

（二）授权审批

企业应当对货币资金业务建立严格的授权批准制度，明确审批人对货币资金业务的授权批准方式、权限、程序、责任和相关控制措施，规定经办人办理货币资金业务的职责范围和工作要求。审批人应当根据货币资金授权批准制度的规定，在授权范围内进行审批，不得超越审批权限。经办人应当在职责范围内，按照审批人的批准意见办理货币资金业务。对于审批人超越授权范围审批的货币资金业务，经办人员有权拒绝办理，并及时向审批人的上级授权部门进行报告。严禁未经授权的机构或人员办理货币资金业务或直接接触货币资金。

货币资金的支付产生问题的概率远远大于货币资金的收入，一旦产生问题，后果通常很严重。企业应当在支付环节严格执行授权审批制度，按照规定的程序办理货币资金支付业务。

第一，支付申请。企业有关部门或个人用款时，应当提前向审批人提交货币资金支付申请，注明款项的用途、金额、预算、支付方式等内容，并附有效的经济合同或相关证明。

第二，支付审批。审批人根据其职责、权限和相应程序对支付申请进行审批。对不符合规定的货币资金支付申请，审批人应当拒绝批准。

第三，支付复核。复核人应当对批准后的货币资金支付申请进行复核，包括批准范围、权限、程序是否正确，手续及相关单证是否齐备，金额计算是否准确，支付方式是否妥当等。复核无误后，交由出纳人员办理支付手续。

第四，办理支付。出纳人员应当根据复核无误的支付申请，按规定办理货币资金支付手续，及时登记现金日记账和银行存款日记账。

第五，企业对于重要货币资金支付业务，应当实行集体决策和审批，并建立责任追究制度，防范贪污、侵占、挪用货币资金等行为。

（三）现金和银行存款的管理

第一，企业应当加强现金库存限额的管理，超过库存限额的现金应及时存入银行。

第二，企业必须根据《现金管理暂行条例》的规定，结合本企业的实际情况，确定本企业现金的开支范围。不属于现金开支范围的业务，应当通过银行办理转账结算。

第三，企业现金收入应当及时存入银行，不得用于直接支付企业自身的支出。因特殊情况需要坐支现金的，应事先报经开户银行审查批准。企业借出款项必须执行严格的授权批准程序，严禁擅自挪用、借出货币资金。

第四，企业取得的货币资金收入必须及时入账，不得私设"小金库"，不得账外设账，严禁收款不入账。

第五，企业应当严格按照《支付结算办法》等国家有关规定，加强银行账户的管理，严格按照规定开立账户，办理存款、取款和结算。企业应当定期检查、清理银行账户的开立及使用情况，发现问题，及时处理。企业应当加强对银行结算凭证的填制、传递及保管等环节的管理与控制。

第六，企业应当严格遵守银行结算纪律。不准签发没有资金保证的票据或远期支票，套取银行信用；不准签发、取得和转让没有真实交易和债权债务的票据，套取银行和他人资金；不准无理拒绝付款，任意占用他人资金；不准违反规定开立和使用银行账户。

第七，企业应当指定专人定期核对银行账户，每月至少核对一次，编制银行存款余额调节表，使银行存款账面余额与银行对账单调节相符。若调节不符，应查明原因，并及时处理。

第八，企业应当定期和不定期地进行现金盘点，确保现金账面余额与实际库存相符。若发现不符，应查明原因，并及时处理。

（四）票据及有关印章的管理

首先，企业应当加强与货币资金相关的票据的管理，明确各种票据的购买、保管、领用、背书转让、注销等环节的职责权限和程序，并专设登记簿进行记录，防止空白票据的遗失和被盗用。

其次，企业应当加强银行预留印鉴的管理。财务专用章应由专人保管，个人名章必须由本人或其授权人员保管。严禁一人保管支付款项所需的全部印章。

按规定需要有关负责人签字或盖章的经济业务，必须严格履行签字或盖章手续。

三、重要账户的实质性程序

(一) 货币资金审计中需要关注的事项

货币资金是企业日常经营活动的起点和终点，其增减变动与被审计单位的日常经营活动密切相关。较多舞弊案件都与被审计单位的货币资金相关。在实施货币资金审计的过程中，如果被审计单位存在以下事项或情形，审计人员需要保持警觉。

(1) 被审计单位的现金交易比例较高，并与其所在的行业常用的结算模式不同。

(2) 库存现金规模明显超过业务周转所需资金。

(3) 银行账户开立数量与企业实际的业务规模不匹配。

(4) 在没有经营业务的地区开立银行账户。

(5) 企业资金存放于管理层或员工个人账户。

(6) 货币资金收支金额与现金流量表不匹配。

(7) 不能提供银行对账单或银行存款余额调节表。

(8) 存在长期或大量银行未达账项。

(9) 银行存款明细账存在非正常转账的"一借一贷"。

(10) 违反货币资金存放和使用规定，如上市公司未经批准开立账户转移募集资金，未经许可将募集资金转作其他用途等。

(11) 存在大额外币收付记录，而被审计单位并不涉足外贸业务。

(12) 被审计单位以各种理由不配合审计人员实施银行函证。

除上述与货币资金项目直接相关的事项或情形外，审计人员在审计其他财务报表项目时，还有以下一些需要保持警觉的事项或情形。

(1) 存在没有具体业务支持或与交易不相匹配的大额资金往来。

(2) 长期挂账的大额预付款项。

(3) 在存在大额自有资金的同时，向银行高额举债。

(4) 付款方账户名称与销售顾客名称不一致，收款方账户名称与供应商名称不一致。

（5）开具的银行承兑汇票没有银行承兑协议支持。

（6）银行承兑票据保证金余额与应付票据余额比例不合理。

（二）货币资金的审计目标

库存现金、银行存款和其他货币资金的审计目标是基本相同的，因此，统一进行审计目标的说明。货币资金的审计目标如下。

（1）确定被审计单位资产负债表的货币资金在资产负债表日是否确实存在。

（2）确定被审计单位所有应当记录的货币资金收支业务是否均已记录完毕，有无遗漏。

（3）确定记录的货币资金是否为被审计单位所拥有或控制。

（4）确定货币资金各项目的期末余额是否正确。

（5）确定货币资金在财务报表上的披露是否恰当。

（三）库存现金的实质性程序

1. 账务核对

审计人员测试库存现金余额的起点，是核对库存现金日记账与总账的余额是否相符。如果不相符，应查明原因，并及时适当调整。

2. 监盘库存现金

监盘库存现金是证实资产负债表中所列现金是否存在的一项重要程序。

企业盘点库存现金，通常包括对已收到但未存入银行的现金、零用金、找换金等的盘点。盘点库存现金的时间和人员应视被审计单位的具体情况而定，但必须有出纳员和被审计单位会计主管人员参加，并由审计人员进行监盘。盘点和监盘库存现金的步骤和方法主要如下。

（1）制定库存现金盘点程序，实施突击性的检查，时间最好选择在上午上班前或下午下班后进行，盘点的范围一般包括企业各部门经管的现金。在进行现金盘点前，应由出纳员将现金集中起来存入保险柜。必要时可加以封存，然后由出纳员把已办妥现金收付手续的收付款凭证登入库存现金日记账。如果企业库存现金存放部门有两处或两处以上的，应同时进行盘点。

（2）审阅库存现金日记账并同时与现金收付凭证相核对：一方面，检查日记账的记录与凭证的内容和金额是否相符；另一方面，了解凭证日期与日记账日期是否相符或接近。

（3）由出纳员根据库存现金日记账加计累计数额，结出现金结余。

（4）盘点保险柜的现金实存数，同时编制"库存现金盘点表"。分币种、面值列示盘点金额。

（5）资产负债表日后进行盘点时，应调整至资产负债表日的金额。

（6）将盘点金额与库存现金日记账余额进行核对，如有差异，应查明原因，并做好记录或适当调整。

（7）若有冲抵库存现金的借条、未提现支票、未做报销的原始凭证，应在"库存现金盘点表"中注明或进行必要的调整。

3. 抽查大额现金收支

审计人员应抽查大额现金收支的原始凭证内容是否完整、有无授权批准，并核对相关账户的进账情况。若有与被审计单位生产经营业务无关的收支事项，应查明原因，并做相应的记录。

4. 检查现金收支的正确截止

被审计单位资产负债表的货币项目中的库存现金数额，应以结账日实有数额为准。因此，审计人员必须验证现金收支的截止日期。通常，审计人员可考虑对结账日前后一段时期内现金收支凭证进行审计，以确定是否存在跨期事项、是否应考虑提出调整建议。

5. 检查外币现金的折算

检查外币现金的折算方法是否符合规定、是否与上年度一致，外币现金的折算率及折算金额是否正确。

6. 检查库存现金是否在资产负债表上恰当披露

根据有关规定，库存现金在资产负债表的"货币资金"项目中反映，审计人员应在实施上述审计程序后,确定库存现金账户的期末余额是否恰当,进而确定库存现金是否在资产负债表上恰当披露。

(四)银行存款的实质性程序

银行存款是指企业存放在银行或其他金融机构的各种款项。按照国家有关规定,凡是独立核算的企业都必须在当地银行开设账户。企业在银行开设账户以后,除按核定的限额保留库存现金外,超过限额的现金必须存入银行;除了在规定的范围内可以用现金直接支付的款项外,在经营过程中所发生的一切货币收支业务,都必须通过银行存款账户进行结算。

1.账务核对

审计人员测试银行存款余额的起点,是核对银行存款日记账与总账的余额是否相符。如果不相符,应查明原因,并考虑是否建议进行适当调整。

2.实施实质性分析程序

计算定期存款占银行存款的比例,了解被审计单位是否存在高息资金拆借。如存在高息资金拆借,应进一步分析拆出资金的安全性,检查高额利差的入账情况;计算存放于非银行金融机构的存款占银行存款的比例,分析这些资金的安全性。

3.取得或编制银行存款余额调节表

银行存款余额调节表通常由被审计单位根据不同的银行账户及货币种类分别编制。审计人员可以取得被审计单位的银行存款余额调节表进行检查,也可以自行编制银行存款余额调节表。检查银行存款余额调节表是证实资产负债表中所列银行存款是否存在的重要程序。取得银行存款余额调节表后,审计人员应检查调节表中未达账项的真实性,以及资产负债表日后的进账情况,如果查明存在应于资产负债表日之前进账的,应做记录并提出适当的调整建议。其程序一般包括如下。

(1)验算调节表的数字计算。

(2)对于金额较大的未提现支票、可提现的未提现支票以及审计人员认为重要的未提现支票,列示未提现支票清单,注明开票日期和收票人姓名或单位。

(3)追查截止日期银行对账单上的在途存款,并在银行账户调节表上注明存款日期。

(4)检查截止日仍未提现的大额支票和其他已签发一个月以上的未提现支票。

(5)追查截止日期银行对账单已收、企业未收的款项性质及款项来源。

(6)核对银行存款总账余额、银行对账单加总金额。

4. 函证银行存款余额

银行存款函证是指审计人员在执行审计业务过程中,需要以被审计单位名义向有关单位发函询证,以验证被审计单位的银行存款是否真实、合法、完整。按照国际惯例,财政部和中国人民银行于1999年1月6日联合印发了《关于做好企业的银行存款、借款及往来款项函证工作的通知》,对函证工作提出了明确的要求。其中规定:各商业银行、政策性银行、非银行金融机构要在收到询证函之日起10个工作日内,根据函证的具体要求,及时回函并可按照国家的有关规定收取询证费用;各有关企业或单位根据函证的具体要求回函。

函证银行存款余额是证实资产负债表所列银行存款是否存在的重要程序。通过向往来银行函证,审计人员不仅可了解企业资产的存在,还可了解企业账面反映的所欠银行债务的情况,并有助于发现企业未入账的银行借款和未披露的或有负债。

审计人员应向被审计单位在本年存过款(含外埠存款、银行汇票存款、银行本票存款、信用卡存款、信用证保证金存款)的所有银行发函,其中包括企业存款账户已结清的银行,因为有可能存款账户已结清,但仍有银行借款或其他负债存在。并且,虽然审计人员已直接从某一银行取得了银行对账单和所有已付支票,但仍应向这一银行进行函证。

5. 抽查大额银行存款的收支

审计人员应抽查大额银行存款(含外埠存款、银行汇票存款、银行本票存款、信用证存款)收支的原始凭证内容是否完整,有无授权批准,并核对相关账户的进账情况。如有与被审计单位生产经营业务无关的收支事项，应查明原因，并进行相应记录。

6. 检查银行存款收支的正确截止

抽查资产负债表日前后若干天的银行存款收支凭证实施截止测试，关注业务内容及对应项目，如有跨期收支事项，应考虑是否应提出调整建议。

7. 检查定期存款或限定用途的存款

对于定期存款或限定用途的存款，应查明情况，并进行如下记录。

（1）对已质押的定期存款，应检查定期存单，并与相应的质押合同核对，同时关注定期存单对应的质押借款有无入账。

（2）对未质押的定期存款，应检查开户证书原件。

（3）对审计外勤工作结束日前已提取的定期存款，应核对相应的兑付凭证、银行对账单和定期存款复印件。

（4）关注是否有质押、冻结等对变现有限制或存放在境外的款项。

（5）对不符合现金及现金等价物条件的银行存款，在审计工作底稿中应予以列明。

8. 检查外币银行存款的折算

对于外币银行存款，关注其折算方法是否符合有关规定，是否与上年度一致。

9. 确定银行存款的披露是否恰当

根据有关规定，企业的银行存款在资产负债表的"货币资金"项目中反映。所以，审计人员应在实施上述审计程序后，确定银行存款账户的期末余额是否恰当，进而确定银行存款是否在资产负债表上恰当披露。

第四章

不同技术与方法在财务审计中的应用

第一节 信息技术在财务审计中的应用

一、财务审计与信息技术

财务审计是企业审计的重要内容之一,对维持企业财务信息的公正性和企业的健康运行发挥着重要作用。财务审计也需依据《中华人民共和国审计法》以及相应的审计准则,确保国有企业的损益、负债与资产真实、合法,对企业的财务信息、财务行为进行监督,并作出公正、客观的评价,防止腐败与违规现象的产生,加强政府宏观调控的作用。具体来讲,企业财务审计工作是审计部门的审计人员在企业大量的财务报表和其他财务信息中通过各种审计方法,对企业某一时间段中的财务状况作出评价,寻找其存在的问题,为财务管理的完善提供支持和监督的活动。

新时期,政府对于财务审计工作提出了全新的要求。但是传统的审计工作过分依靠个人,耗时长、成本高,审计风险也相对较大。信息技术与互联网的发展加深了社会中各行各业的信息化程度,信息技术应用于财务审计是历史发展的必然,是信息化时代财务审计发展的新方向,也是其适应高速发展的信息社会的必然需求。财务审计中的信息化应用以先进的计算机技术为依托,以实现企业功能整合为目标,改变了传统的财务审计模式,提升了审计效率与审计质量，也在一定程度上提升了企业的财务管理水平以及整体的企业管理水平，标志着高科技财务管理时代的到来。首先，传统的财务审计模式和人工财务审计方式存在严重的效率低下的问题，面对繁重的审计任务，财务审计信息化能够极大地解放人力，加快审计速度。其次，财务审计的全面性和精细性在传统的财务审计模式下很难得到保证，而财务审计信息化的建设能够依靠大数据技术、数据库技术等在有限的时间内完成巨量的审计信息的采集、处理与分析，确保财务审计的全面性和精细性，减小审计信息遗漏的可能性，进而保证审计结果的准确性。最后，财务审计信息化建设能够与企业管理的信息化建设实现对接。为加强企业的运行效率，各企业的信息化管理正在逐步地完善和加强，各种信息化管理系统层出不穷。在这种情况下，传统的财务审计模式呈现出严重的不适应性。因此，财务审计信息化的建设能实现与企业信息化建设的衔接，信息的采集和传导将更加容易。

二、信息技术带来的变化

财务审计信息化的发展使审计工作发生了前所未有的变化，在财务审计的各个方面都相对于传统的审计模式有了明显的改进。信息技术在财务审计中的应用所带来的变化主要体现在以下几点。

（一）使审计效率发生变化

首先，审计效率发生的变化十分显著，财务审计信息化使得数据的筛查工作变得更为方便、快速。得益于信息技术的帮助，工作人员在进行信息抓取与筛选的过程中，可以很容易地设置抓取条件，快速地完成信息筛选任务，相对于传统的人工筛查方式，财务审计信息化的应用大幅提高了审计效率。其次，财务审计信息化可以快速地分析大量的财务数据，并依据分析结果得出相应的趋势预测，可在系统中更加便捷地审计所需的各种图表，更直观地掌握审计所需的财务信息，在一定程度上解放了人力。最后，依靠审计信息化的发展，相关的法律法规和各类文件也更容易被查询到，审计人员在财务审计的过程中，可直接将审计工作与相关法规连接建档，方便之后的查找和调阅，审计的进度可以更加直观地体现出来，方便下一步审计工作计划的制订。

（二）审计准备阶段发生变化

在传统的审计工作中，正式开始审计之前，需要企业准备好完备的报表、账簿等资料以供审计人员查阅，不仅耗时、耗力，并且审计内容的人工参与程度较高，审计信息的客观性难以保证，也容易在繁重的审计任务中出现纰漏。在财务审计信息化的加持下，审计人员可依据先进的信息技术快速地获得审计信息，无须做太多的准备，节省了大量的时间和人力资源。此外，财务审计信息也是直接获得的，减少了人工参与可能产生的错误。

（三）后续审计档案的存储方式发生变化

在传统的财务审计过程中产生的审计档案都是通过纸质存档的方式来存档，工作量十分巨大，并且后续的查阅十分困难。在信息技术应用于财务审计之后，传统的纸质档案转化为电子档案的形式，在减少了档案存储对空间的需求的同时，增强了档案的安全性。在后续工作中，如果需要查询，也可以更加方便地得到这些信息，其便捷性明显增强。

三、信息技术在财务审计中的创新应用

（一）进一步加强项目数据的采集

在企业的财务审计工作中，要将财务审计信息化的效果最大化，就需要更快、更广地采集项目数据，及时地将相应的数据导入系统当中，加快财务审计信息系统与其他信息系统的对接，保证审计信息与审计项目资料能够相互补充、相互促进，同时提高审计效率。另外，对于已经出具审计报告的项目，审计人员应及时地跟进审计结果和整改进程，确保审计信息的即时性和有效性。

（二）加强财务审计信息化软硬件的建设

在信息技术高速发展的当下，信息技术的更新换代也是十分迅速的。新技术的运用需要足够先进的软硬件技术的支持，为保证财务审计信息化的效率和效果，应加大在软硬件方面的投入。具体来说，在硬件方面，应加大存储容量，保障硬件的质量和安全性；在软件方面，须及时地升级系统，加强防火墙建设，避免信息系统与外网的直接接触，保障信息不会遭到破坏和泄露。

（三）加强人才引进和员工专业素质培训

财务审计信息化的发展对审计人员的综合素质有了更高的要求，不仅需要从业人员有专业的审计知识，还需要有较高的计算机水平，能够熟练地掌握审计信息系统，运用其获得所需的信息，完成审计任务。因此，企业应加强对复合型审计人才的引入，应注重对其专业素质与计算机操作水平的考核，确保新入职的员工能够尽快地适应信息化背景下的财务审计工作。另外，企业应加强对现有员工的专业素质培训，确保审计人员能够熟练地掌握信息技术，运用审计专业知识完成财务审计信息化平台的操作。相关的培训是一个持久的、不断更新的过程，培训的内容和形式都需要依据信息技术的发展和需求进行调整，以确保财务审计人员不会因信息技术要求的提升而被淘汰。

（四）创新审计技术，不断完善财务审计信息系统

在大数据与信息化时代背景下，相关技术的发展和进步速度十分迅速，审计质量和审计人员的工作能力的广度与深度都在不断加强。财务审计所应用的技术应随着时代的进步不断地更新换代，使财务审计效率和安全性都能得到保证。同时，也应该在企业的财务审计技术上不断地改进和创新，在不断修正的基础上推进审计模式和审计观念的革新，促使企业财务审计取得更好的效果。

随着信息技术的不断发展，企业的信息化水平不断提高，信息技术的使用形成一种趋势，财务审计的信息化程度也随之增长。财务审计信息系统的运用使财务审计的审计效果和审计效率都有了较为明显的提升，并且在很大程度上解放了

人力，方便了审计信息的采集和审计档案的存储。企业应加强数据的采集和信息系统之间的对接，加强软硬件的建设与投入，加大人才的引进和员工培训力度，并进一步地创新审计技术，不断完善财务审计信息系统，使其良好发展和正常运用。

第二节 管理会计在财务审计中的应用

一、管理会计在财务审计中的作用

（一）为财务审计提供相应的信息

管理会计是会计学科中一个重要的组成部分，它能够帮助企业对企业内部和外部进行规划控制。只有当管理者能够认识到企业内部和外部的具体情况后，才能够用科学的办法进行合理的分析，保证企业资源得到充分的利用。财务审计过程中需要的相关信息是财务审计的重要依据，并且相关信息一定要符合审计人员的要求，才能够保证符合财务报表构成的标准。因此，可以看出相关信息的质量直接决定企业财务审计的质量。管理会计所提供的信息，相对于传统的会计信息更加细致和明确，并且具有一定的实际意义，能够在一定程度上保证相关信息的准确性和完整性。

（二）保证审计工作正确、高效地完成

财务审计工作往往分为多个阶段，其中审计准备阶段的主要内容是要求审计人员收集企业的多种信息，并且归纳出最有用的信息，作为本次财务审计的基础资料。管理会计能够帮助审计人员进行信息的收集，从根本上缩短审计时间，改善财务审计的工作效果。

（三）帮助审计工作人员识别风险

财务审计工作中总是会面临各种风险，所以对可能出现的风险进行一定的预测也是十分重要的。

管理会计能够帮助审计人员更加清楚地认识企业财务活动中的各类问题，进而帮助审计人员规避可能出现的风险，实现财务审计工作质量的提高。

二、提高管理会计应用效果的对策

（一）在企业内建立管理会计的专门机构

要想提高管理会计在财务审计中的效果，就需要在企业内建立管理会计的专门机构，不断发挥企业中管理会计的作用，提高企业管理会计的地位。现阶段，大部分企业缺少专门的管理会计工作的机构，对此，有必要建立相关的管理会计专门机构和部门。例如，企业设立一个管理会计机构，并聘请管理会计的相关专家，切实推动管理会计在企业中的发展。

（二）提高企业管理会计人员的专业素质

管理会计人员是管理会计工作的具体操作者，应熟知管理会计的相关知识和管理会计的工作方法。管理会计人员的专业素质将直接影响企业管理会计工作的效率和效果，间接影响财务审计工作的结果准确性和有效性。因此，企业应定期对管理会计人员进行培训，让具有丰富会计管理经验的教师进行授课，保证每个管理会计人员都能够学到真本事。在学习结束时，企业要设定测试内容，进行管理会计人员的测试，使管理会计人员在学习后检验自己能否做到学以致用，为企业今后的发展贡献出自己的力量。

第三节 资金平衡分析法在财务审计中的应用

一、在财务审计中引入资金平衡分析法的必要性

在财务审计中，通过账实核对确定货币资金余额，通过逐笔核对确定资金来源的实际金额，借助资金运动的平衡关系推导出资金运用的实际金额，从而确定账务记载的完整性情况，发现应记账而不记账的严重舞弊行为。运用资金平衡分析法进行财务审计，一方面能够提高工作效率，另一方面能够保证审计程序的充分性和适当性，保证审计效果。

（一）审计实务中对财务信息的忽视容易带来风险隐患

财务审计在督促各层级组织遵守国家财经法规和纪律方面发挥了积极的作用，但是在实际的审计操作中，审计人员一般采取从分户账记录追查原始凭证的方法，如果发票合规并履行了规定的审批程序，则会给出经费核算未发现问题的结论。这种只关注财务支出真实性的审计方法，实际上只是机械地充当了会计检查的角色，只能看到被审计单位想让审计人员看到的东西。现行审计实务中对财务信息完整性的忽视，使审计人员有可能无法发现某些故意的严重舞弊行为，带来一定的风险隐患。

（二）兼顾财务信息的真实性与完整性

真实性与完整性是构成财务信息质量的两个方面，两者相辅相成、不可偏废，在审计工作中，对这两个方面都要给予足够的重视，都要采取充分的审计程序。要审计账务记载的真实性，采用的方法是顺查法，根据账簿记录追查记账凭证再到原始凭证；要审计账务记载的完整性，就要把以上顺序颠倒过来，根据原始凭证追查记账凭证和账簿记录，即采用逆查法。逆查法可以帮助审计人员发现应该记账而未记账的事项，发现账务记载中故意隐瞒的部分，而这些恰恰是审计

的重点所在。

（三）逆查法的重点是对银行对账单的逐笔核对

逆查法要根据原始凭证追查记账凭证和账簿记录，这里的原始凭证不仅包括合同、发票、审批单等，更重要的是银行对账单。对账单是开户银行提供的外部凭证，完整地记载了被审计单位资金收支的全部情况。审计中不仅要核对某一时点的余额，更要核对审计期内的全部发生额。如果只核对某一时点余额，可能无法发现期初将资金转出使用而期末结账前再转回的挪用行为，这种行为严重违反财经纪律，是审计的重中之重。对银行对账单的发生额与银行存款日记账及费用分户账进行逐笔核对，确定所有资金收支已经全部及时入账，才能实现财务信息完整性的审计目标。

（四）运用资金平衡分析法可以保证审计程序的充分性

以财务信息的可靠性和完整性为审计目标，审计人员必须全面核对银行对账单的余额和发生额。这时会面临这样一个问题，即核对全部发生额的工作量太大，审计时间不够，而资金平衡分析法能够解决这个难题。这一方法借助资金运动的动态平衡关系，通过对期初、期末资金余额的账实核对，以及对资金来源情况的详细审计，分析推导出资金运用的完整性情况，再根据金额和性质标准，抽样选取部分支出项目进行检查，就可以实现审计目标。实际工作中资金来源业务其实并不会太多，与现在很多审计人员花费大量时间去详细审计资金运用业务的方法相比，运用资金平衡分析法进行财务审计，不仅能够提高工作效率，更重要的是能够保证审计程序的充分性和适当性，保证审计效果。

二、资金平衡分析法的具体应用

资金平衡分析法是基于资金运动平衡公式的审计分析方法。资金运动平衡公式：期初货币资金 + 审计期内资金来源 − 审计期内资金运用 = 期末货币资金。其中，期初、期末货币资金是时点变量，其余额通过账实核对很容易可以确定，比较复杂的是资金来源和资金运用这两个反映发生额的时期变量。具体到中国人民银行来说，资金来源包括预算拨款和其他收入，资金运用包括人员经费、公用经费、项目支出等各项费用支出。资金平衡公式包含四个变量，审计过程中如果确定了其中三个，很容易就能推导出第四个。以资金平衡公式为线索开展财务审计的主要思路包括下面四个步骤。

（一）确定期初与期末货币资金

期初与期末货币资金实际上就是现金和银行存款的余额，其审计方法是账实核对，即监盘库存现金，核对银行存款日记账与银行对账单余额。

（二）确定资金来源的实际数额

其方法是逐笔核对银行存款日记账与银行对账单的借方发生额。由于中国人民银行实行收支两条线的财务预算管理制度，其经营收入及资产收益应全部上缴国库，能够用于各级自身支出的资金来源只包括预算拨款及上级行和地方政府拨入的补助经费两部分。通过对银行存款借方发生额的逐笔核对，剔除不能用于自身支出的部分，就能够确定资金来源的实际数额。

（三）计算资金运用的实际数额

这主要是确定账务记载的完整性情况。用期初货币资金余额，加上审计期内的资金来源，减去期末货币资金余额，计算出审计期内资金运用的实际数额。将资金来源和资金运用的实际数额与收入分户账及费用分户账进行核对，看是不是所有收支都已经记账，如果有未记账的情况，则要进一步查明原因，查明是不是存在舞弊行为。

（四）对资金运用进行审计

根据金额标准，达到重要性水平的支出要核对付款记录与发票合同，以确定这些支出是否真实、有效，是否履行了规定的审批程序。根据性质标准，对部分支出科目，如固定资产购建类支出、货币发行费、安全防卫费等，要重点关注资金用途是否符合规定的开支范围。

三、运用资金平衡分析法需要注意的问题

资金平衡分析法为财务审计提供了一种简单有效的操作思路，它将账实核对、详细检查与抽样审计的方法结合起来，以达到确认财务信息的真实性与完整性的审计目标。在实际应用过程中，需要注意以下四个问题。

（一）"资金平衡"是"账务记载没有问题"的必要条件

如果"账务记载没有问题"，那么资金运动肯定是平衡的；如果资金运动不平衡，那么账务记载肯定有问题。但是反过来就不一定成立，不能说如果资金平衡，那么账务记载一定没有问题，也有可能公式的左右两边都发生了相同金额的错误或者遗漏，或者也可能公式的某一边发生了相同金额的一加一减。因此更要强调以上四个步骤中的第二步工作，强调对资金来源要逐笔核对。

（二）零星现金收入也构成资金来源的一个部分

一般情况下的财务资金表现为现金和银行存款两种形态，随着政策的变革，中国人民银行财务工作中的现金业务越来越少，只有资产处置零星收入可能涉及现金来源。如果存在这种情形，审计人员一方面要把收入金额与相关合同协议进行核对以确定其真实性，另一方面要核对收款收据的连续编号以确定账务记载的完整性。根据财务制度规定，资产处置收入应作为财务收入并入中国人民银行大账，这种零星现金收入最后还是存入银行，年度中间作为暂收款项处理，年末作为财务收入逐级上划，形成银行存款的来源。

（三）暂收款项和暂付款项应分别作为资金运用处理

除了预算资金外，实际工作中还存在各种暂收暂付款项。暂收款项增加或者

暂付款项减少，是一种资金来源，可以理解为能运用的资金增加了；暂收款项减少或者暂付款项增加，是一种资金运用，也就是能运用的资金减少了。暂收款项和暂付款项虽然数额不大，但是资金性质特殊，制度规定比较零散，日常管理容易出问题，审计中要给予特别的重视。暂收款项除业务处理过程中的代收代扣款项外，主要是上级银行拨入的业务补助经费，如支付系统运维费、外汇专项经费、征信业务补贴费等，以及地方财政拨入的补助经费，这些款项在收入时已经规定了明确的用途。而暂付款项则主要是备用金和存出的保证金等。对于暂收暂付款项，主要应该关注用途与来源的对应情况，关注每一笔收到的款项是否都用于规定的用途。

（四）运用现代信息技术可以提高资金平衡分析的效率

现代信息技术的发展和应用可以提高资金平衡分析的效率。开始阶段，可以先借助 Excel 等软件，对业务数据进行简单的筛选、计算等处理；更进一步，审计部门与科技部门、业务部门积极联系协调，逐步在业务管理系统中增加审计功能模块。例如，在财务综合管理系统中，建立预算管理、采购管理、费用管理、固定资产管理、审计管理等模块。其中，审计管理模块可以实时访问分户账、银行存款日记账和银行存款对账单等数据，并建立相关分析比对模型，使资金平衡分析可以借助嵌入业务管理系统中的审计模块通过网络完成，实现实时的跟踪与检查，及时发现可能存在的风险隐患，充分发挥财务审计的建设性作用。

第四节 财务分析法在财务审计中的应用

一、财务分析的基本方法及其在财务审计中的应用

财务分析的基本方法主要有财务比率分析法、比较分析法、趋势分析法、

综合分析法。

（一）财务比率分析法

财务比率分析是指对账户余额之间的关系进行比较。具体应用时主要考虑以下三个方面。

1. 运用财务比率分析法的基础

在设计或选择财务比率时，应该遵循的原则是：财务比率的分子与分母之间必须有着一定的逻辑联系（如因果关系），只有保证所计算的财务比率能够说明一定的问题，该比率才具有现实意义。例如，流动资产与流动负债比、应收账款与销售收入比、销售成本与存货比等，这些比率的数据往往在企业某类交易或账户余额中存在紧密的关系。因此，不同财务数据之间以及财务数据与非财务数据之间存在内在的关系是运用财务比率分析法的基础。

2. 常见的财务比率

（1）变现能力比率，反映企业的短期偿债能力，主要有流动比率和速动比率等。

（2）杠杆比率，反映企业长期财务安全性，主要有资产负债率和利息保障倍数等。

（3）盈利能力比率，反映企业的经营效率，主要有销售利润率、资产利润率及资本利润率（或权益报酬率）等。

（4）资产管理比率，反映企业在经营性资产管理方面的效率，主要有存货周转率、应收账款周转率和应收账款周转天数等。

（5）投资者特别关注的财务比率，主要有普通股每股收益和市盈率等。

（6）与现金流量表相关的财务比率，主要包括经营现金流量对债务之比率和每股营业现金流量等。

3. 审计应关注的重点

审计人员对于反映异常情况的财务比率应保持职业谨慎态度高度关注，并且应考虑如何对偏差进行更加深入的调查，同时，还应关注那些可能出现偏差而实际没有偏差的领域，因为这些异常情况暗示了可能存在错误或舞弊。例如，如果销售收入或应收账款被明显虚增，分析之后可以发现异常的销售模式或异常的应收账款周转率。再如，收入增加但现金流为负，审计人员分析可能是由于以存货和应收账款大量增加为主的扩张性经营导致的结果，也可能是为了掩饰经营损失而夸大收入或低计费用。但无论是哪种情况，审计人员都必须搞清楚导致这种比率异常关系的原因，以达到审计分析目的。

（二）比较分析法

1. 常用的比较标准

财务分析的比较标准主要有经验标准、历史标准、行业标准、预算标准。例如，流动比率的经验标准为 2∶1。历史标准是指本企业过去某一时期（如上年或上年同期）该指标的实际值。行业标准可以是行业财务状况的平均水平，也可以是同行业中某一比较先进企业的业绩水平。行业标准可以说明企业在行业中所处的地位和水平，或用于判断企业的发展趋势。预算标准是指实行预算管理的企业所制定的预算指标。使用预算标准，主要是看企业是否符合战略目标及管理要求。在审计时，审计人员根据被审计单位的具体情况选择评价标准，以保证数据的可靠性。行业标准与预算标准在评估重大错报风险时应用更广泛。

2. 比较分析法的应用

应用比较分析法时，可以用报表项目数绝对值进行比较，也可用财务比率进行比较。只有与行业或预算等标准相比较，比较分析才会有用。例如，审计人员检查业绩报告，调查与预算有重大差异的项目。在分析该业绩报告时，审计人员可以对影响业绩的事项进行细分，了解可能存在错误或舞弊的异常情况，关注数据变化所揭示的经济实质。

（三）趋势分析法

趋势分析法主要用于检查跨期资料的变化情况。具体为：将被审计企业连续若干会计年度的报表资料在不同年度间进行横向对比，确定不同年度间的差异额或差异率，以分析企业各报表项目的变动情况及变动趋势。应用这种方法的基本前提是在各项条件均没有较大变化的情况下，以前的趋势在将来可能会得到延续。例如，审计人员可以观察跨期的收入和费用的绝对额的变化，也可以观察它们比率关系的变化。

（四）综合分析法——杜邦分析法

通过财务比率分析可以就企业某一方面的财务指标作出评价，但是企业的各种财务活动、各项财务指标是相互联系的，并且相互影响，因而必须结合起来加以研究。进行财务分析应该将企业财务信息看作一个大系统，对系统内的相互依存、相互作用的各种因素进行综合分析。杜邦分析法就是利用各个主要财务比率指标之间的内在联系，来综合分析企业财务状况的方法。杜邦分析法的核心在于权益报酬率可以分解成三个因素，即

权益报酬率 = 盈利比率 × 效率比率 × 杠杆比率
         = 销售净利率 × 资产周转率 × 权益乘数

从杜邦分析法所列的关系式可以看出，权益报酬率和企业的销售规模、成本水平、资产营运、资本结构有着密切的联系，这些因素构成一个相互依存的系统。在审计风险评估阶段，了解被审计单位的情况，综合考虑各因素的变化关系非常重要，杜邦分析法能帮助审计人员综合分析企业的整体财务状况。如果权益报酬率要素中的某一个要素存在问题，那么通过对它的分析将会进一步说明问题的本质。

综合分析法往往能发现财务数据背后的经济实质，能有效防范和降低审计风险。

二、应用财务分析法时应注意的事项

财务分析法通常并不直接给出答案，而是指明审计中需要进一步前进的方向。财务分析法能够帮助审计人员提高审计效率，但如果运用不当则可能会形成错误的审计结论。因此，审计人员应充分考虑以下问题，以使财务分析法更好地

发挥作用。

（一）财务报表信息与非财务报表信息的结合

财务报表信息只是财务审计中审计人员所需考察信息的一部分，而非全部。在分析过程中，还必须结合考察其他方面的信息，如产品市场信息、资本市场信息、营运数据等。例如，入住率是酒店行业的一个营运数据，在对酒店进行审计时可将酒店的房费收入与根据估计平均入住率而推测出的预期收入进行比较，还可以与行业平均水平比较。在服务行业常有一些独立的汇总统计数据，如会员数、供餐数等，都可用来确认服务收入的多少。

（二）考虑对未包含在财务报表中的表外信息加以利用

财务报表所列示的信息是财务审计资料的重要来源，但是表外许多与决策相关的信息对于审计人员而言也非常重要。无论采用何种分析方法进行财务分析与审计，都不能忽视对表外信息的利用。

Reference
参考文献

[1] 刘浩博 . 财务管理与审计创新 [M]. 西安：西北工业大学出版社，2020.

[2] 胡云慧，史彬芳，王浩 . 财务会计与审计管理 [M]. 长春：吉林科学技术出版社，2021.

[3] 邓春贵，刘洋洋，李德祥 . 财务管理与审计核算 [M]. 北京：经济日报出版社，2019.

[4] 李茜，陈晓荣，李玲玲 . 财务信息化管理与审计学研究 [M]. 北京：中国商业出版社，2021.

[5] 王宏伟，雷晓莉 . 财务审计研究 [M]. 延吉：延边大学出版社，2019.

[6] 余红叶，张坚，叶淞文 . 财务管理与审计 [M]. 长春：吉林人民出版社，2019.

[7] 宋大龙 . 新形势下高校财务管理与审计监督 [M]. 长春：吉林人民出版社，2021.

[8] 周浩，吴秋霞，祁麟 . 财务管理与审计学习 [M]. 长春：吉林人民出版社，2019.

[9] 董智 . 新时代财务管理与审计 [M]. 北京：经济日报出版社，2020.

[10] 张书玲，肖顺松，冯燕梁，等 . 现代财务管理与审计 [M]. 天津：天津科学技术出版社，2020.

[11] 邹娅玲，肖梅峻 . 财务管理 [M]. 重庆：重庆大学出版社，2021.

[12] 刘泽亚 . 企业财务审计实践探索 [M]. 哈尔滨：哈尔滨出版社，2020.

[13] 高阳，张媛，能超 . 财务管理 [M]. 成都：电子科技大学出版社，2020.

[14] 张丽，赵建华，李国栋 . 财务会计与审计管理 [M]. 北京：经济日报出版社，2019.

[15] 马勇，肖超栏 . 财务管理 [M]. 北京：北京理工大学出版社，2021.